体育教学改革与训练研究

吴雪瑜 ◎ 著

吉林出版集团股份有限公司

图书在版编目（CIP）数据

体育教学改革与训练研究 / 吴雪瑜著． -- 长春：吉林出版集团股份有限公司，2022.9
　ISBN 978-7-5731-2331-2

Ⅰ．①体… Ⅱ．①吴… Ⅲ．①体育教学－教学改革－研究 Ⅳ．①G807.01

中国版本图书馆 CIP 数据核字 (2022) 第 179388 号

体育教学改革与训练研究

著　　者	吴雪瑜
责任编辑	王　平
封面设计	林　吉
开　　本	787mm×1092mm　　1/16
字　　数	210 千
印　　张	9.5
版　　次	2022 年 9 月第 1 版
印　　次	2022 年 9 月第 1 次印刷
出版发行	吉林出版集团股份有限公司
电　　话	总编办：010-63109269
	发行部：010-63109269
印　　刷	廊坊市广阳区九洲印刷厂

ISBN 978-7-5731-2331-2　　　　　　　　　　　定价：78.00 元

版权所有　　侵权必究

前　言

当今，我国教育提倡素质教育，学生良好的身体素质对于开展学习等其他各项活动都是十分重要的，而体育教育和体育教学与训练息息相关。为了让学生的身心得到健康全面的发展，体育教师就要在深刻了解体育教育重要意义的基础上，分析教学与训练的关系，从而来科学设置体育教育课程，寻求在教学与训练上的平衡发展，促进学生身心的健康发展。

体育教学是指在体育教师的指导下，按照教学计划和体育教学大纲，通过一定的教学方法，如语言法（动作讲解）、直观法（动作示范）、练习法等，按照一定的原则，向学生传达体育的基本知识、技能、技术，以及卫生保健基础知识等，整个过程是有计划、有组织的，目的是增强学生的体质，提高学生的体育技能，促进学生身心健康的发展。体育训练与体育教学不同，体育训练主要是指在学生掌握了体育基本技巧的基础上，再经过反复训练和巩固，从而提高自己的体育竞技水平和体育技术，是为保持竞技能力而进行的专门的训练。

在体育教学和体育训练的过程中，两者都起着主导作用。二者都需要教师通过一定的动作示范，对学生进行指导性学习。同时，学生在教师有计划的组织下，进行有规律的训练，训练的过程也需要教师给予必要的指导，不然可能造成学生达不到规定的要求。教师在整个过程中，都起着很关键的作用，教师利用不同的教学方式，通过发挥自身的感染力和营造好的学习氛围，对学生形成感召，提高学生学习的主动性，从而提高教学的质量和效果。

体育教学和训练是体育教育重要的环节，我们要区分二者，同时将二者有机结合起来，最大限度地发挥二者的互补性，同时合理地安排教学和训练课程，制订更有针对性的教学和训练方案。大学生不应该只是重视学习，大学校园也不应该是以培养文化知识为主，注重身体锻炼是每一名大学体育教师的责任和义务。作为大学体育教师，要把体育教学当成大学教育的重中之重，使学生有终身运动的意识，成为德智体美全面发展的人才。体育教师应该不断提高和丰富自己的专业知识，为体育教学营造良好的教育教学环境，让教学和训练协调统一，向着更加科学化道路发展。

目 录

第一章 体育教学概述 1

第一节 体育教学的概念和性质 1

第二节 体育教学的特点和功能 3

第三节 体育教学的原则和规律 10

第四节 体育教学的结构和原理 20

第二章 体育教学的研究与探索 27

第一节 体育教学指导思想与制约因素 27

第二节 体育教学体制的目标、内容、方法和评价 29

第三节 体育教学现状的分析和创新设想 38

第四节 体育教学环境的设计与实施 40

第五节 体育教学模式发展趋势研究 43

第六节 体育教学改革的研究 47

第三章 体育教学的发展动态 55

第一节 体育教学目标的统一与协调 55

第二节 体育教学内容的选择与开发 58

第三节 体育教学方法的运用与创新 61

第四节 体育教学手段的使用与创新 63

第五节 体育教学模式的多元化发展 67

第六节 体育教学的有效性与正当性 71

第四章 体育运动中的审美 76

第一节 运动中的身体美 76

第二节 运动中的形式美 78

第三节　运动中的人文美 ··· 81
第五章　体育审美教育 ·· 88
　　第一节　学校体育中的审美教育 ······································· 88
　　第二节　竞技训练中的审美教育 ······································· 92
　　第三节　社会中的审美教育 ··· 100
第六章　体育健身中的安全保健问题 ································· 104
　　第一节　体育健身中的运动疲劳 ······································· 104
　　第二节　体育健身中的运动损伤 ······································· 112
　　第三节　体育健身中的运动疾病 ······································· 116
第七章　体育教学训练路径 ·· 125
　　第一节　力量素质和速度素质训练 ··································· 125
　　第二节　耐力素质和柔韧素质训练 ··································· 129
　　第三节　灵敏素质和协调能力训练 ··································· 136
参考文献 ··· 144

第一章 体育教学概述

第一节 体育教学的概念和性质

一、体育教学的概念

（一）教学的概念

为了更好地理解体育教学的概念，首先可以先对教学的概念进行分析。总的来看，对教学的概念的理解可以分为广义的和狭义的两个方面。

从广义的角度来看，教学是一种在某种特定形式下开展的教育活动。在这一活动中，负责传授某种知识或特定技能的教学者对受教者进行教育，以此让受教者获得这种知识或技能的活动。其中的教学者可以是教育者，也可以是某种知识的掌握者，所教授的内容可以是一种知识，也可以是某种技能。

从狭义的角度来看，教学是指单纯的学校教学，它由教师和学生两个教学主体协作完成，是以特定文化为对象的教与学相统一的活动。在教学活动中，教师扮演着组织者和指导者的角色。在新时期，有关教学的基本观念是，教学是教与学的统一，教融入学中，而学有教的组织引导。

通过对教、学两个方面的概念理解之后，基本可以总结出教学的概念：其是在教育目的的规范下，教师的教与学生的学共同组成的一种教育活动。

（二）体育教学的概念

在分析了教学概念之后，再将其与体育相结合，就基本上能够认定体育教学的概念。由此可见，体育教学与教学有着很多相似的地方，它也是一种有目的、有计划、有组织地对学生传授知识和技能，发展智力和体力，培养品德和形成个性的教育过程。只不过其教学的内容为体育相关知识与技能，当然教学方法也与其他学科的教学方法有所不同。

体育教学并不是一种随意的、随心而行的教学活动，更不是完全的做游戏和娱乐活动，它需要很多要素的构成才可以正常、合理、科学地开展。一般来说，体育教学主要由以下八个基本因素组成：

1. 学生

学生是体育教学的主体之一，没有学生就不存在体育教学，没有学生就没有组织教学。总之，学生是体育教学中的主体因素，也是其最活跃的因素。

2. 教师

教师是体育教学的主体之一，没有教师不可能存在体育教学，没有教师就没有体育教学中的"指导和组织者"。在现代体育教学中，体育教师已经不再是过去那种课程的忠诚执行者，而是在完成现有课程教学的基础上还要成为体育课程的建设者和开发者。

3. 教学环境

教学环境是支持体育教学顺利开展的各种软件、硬件条件的综合。良好的教学环境对体育教学起着积极的影响。体育教学中对一些运动项目的教学对场地条件和设施有着不低的要求，相比其他学科的教学来说，体育教学对教学环境的要求则更高。

4. 教学目标

教学目标是教师开展体育教学的基本依据，体育教学没有了目标就变成了无头苍蝇，难以获得向前的发展。在体育教学实践中具有多层次的体育教学目标，它们是体育教学中的定向和评价因素。

5. 教学内容

教学内容是由内容的实体（课程）和内容的载体（教科书）共同组成的，它们是体育教师根据社会的要求、学科的体系和学生的需要选编出来的。没有教学内容，体育教学就显得空洞化了。

6. 教学过程

教学过程是教学的中心因素，没有了体育教学过程，体育教学也就没有了时间和程序上的支撑，因此也就无从谈起教学的组织和管理。

7. 教学方法

教学方法与目标、教师、学生等因素有着密切的关系，它是教师根据教学目标和学生的学习情况所选择的有效的教学技术和手段，其中包含为帮助学生理解学习内容的各种信息及其传递方式。

8. 教学评价

教学评价与教学目标、教师之间有着密切的关系，它是教师根据具体的教学目标制定出的各种评价、考核指标，这些指标既包括教师的教学工作，也包括学生的学习情况。

综上所述，便可以总结归纳出体育教学的概念，即是指在学校教育中，由体育教师和学生协同完成的以传授体育知识和体育技能为手段，以增进学生身心健康，提高身体活动能力、自然和社会环境适应能力，培养良好的思想品德，促进个性发展为目标的教育过程。

二、体育教学的性质

在了解了体育教学概念后，就要对其另一项基本知识进行研究，这就是关于体育教学性质的问题，事物的性质是与其他事物区分的最明显差异。性质不同的两种事物其带来的表象自然会有一定的区别。就体育教学来说，正是因为它本身所具有的体育教学性质，才能明显区别于包括数学、语文、英语、艺术等其他学科。

因此，通过归纳可以找到体育教学的诸多特征，如它的教学地点多为户外；教学中师生都要承受一定运动负荷与心理负荷；教学过程是身体活动与思维活动的结合，并且有比较频繁的人际交往；体育教学侧重于发展学生身体时空感觉及运动智力；教学更加关注学生自我操作与体验；等等。

在体育教学活动中，最重要的一个形式就是对运动技能的教学，它是体育育人的主要方式。而对于运动技能的传授也是体育教学与其他学科教学的主要区别之一。仔细来看，运动技能的形成要经历几个步骤才能最终实现，具体包括动作的认知阶段、联系阶段与完善阶段。在认知阶段中，学生与知识、技能之间的联系最为密切，它的主要目的就是学生对所学技能的结构、要素、关系、力量、速度等要素进行表象化的认识。由于运动技术是学生完成动作的方法，因此可以认为运动技术不具有人的特性，而只是作为一种"知识"，或称为"操作性知识"。

综上所述可以断定，体育教学的本质是一种针对运动技术和知识的教学。当学生学会了运动知识并将之转化为运动技能后，体育教学的本质就达成了。当然，体育教学活动地点大多在户外的条件也是区别于体育教学与其他教学的特征之一，但现代体育教学场所通常在室内的场馆是也非常多见的，如果坚持把"户外"作为条件之一，未免有些不严谨和片面。

第二节 体育教学的特点和功能

一、体育教学的特点

体育教学与其他学科教学有许多相似的特点，它们的共性在于都属于教师与学生的双边活动，这是所有教学活动的共性，教师与学生在教学活动中发生的各种形式的交流都非常频繁，如语言上的交流和肢体动作的交流等。过往这种交流更多的是从教师向学生的方向，现代教学同样也注重使这种交流转向从学生向教师的方向，不过教学仍旧依靠教师对学生在某种知识和技能方面的传授。其次，以班级为单位开展教学活动也是共性，只不过有些时候这个班级的组成方式会根据不同需要有不同的编排，如可以根据基础的自然班，或是根据学生的不同兴趣组成的体育教学班等。最后，体育教学与其他学科教学的目的都是一样的，即都是为了传授某种知识或技能。

参加体育活动对于学生的身心发展具有很好的作用，特别是对正处在身体发育旺盛期的青少年及儿童来说有更加重要的意义。在结合体育教学的性质后，可以把体育教学独有的特点归纳为以下几点：

（一）教学过程的直观性

体育教学的过程拥有直观性特点。这种直观性有多种体现，如体育教师对体育教学内容的教授除了要达到与其他学科教师讲解要求一致外，还要求体育教师的语言更加生动，并且要富有一定的肢体表现能力，以使学生有形象、贴切、有趣的感觉。在某些拥有较难技术动作的体育运动教学中，教师一方面要把传授的重点进行艺术性的描述，另一方面还要用生动的语言、巧妙解释方法把复杂的技术动作简单化，以此来提升学生对学习成功的自信心，加深学生对教学内容的感知。

实际上，体育教学过程中的每一项内容都具有直观性特点。除刚才说到的课堂讲解，在实践演示中也是如此。在教师运用示范法时，需要运用非常直观形象的动作示范，其中包括正确动作的演示和错误动作的演示，这些演示都是非常直观地展现在学生眼前，并没有一丝做作。这样才会使学生从感官上直接感知动作的正确与错误，以便他们建立正确、清晰的运动表象。当学生获得正确表象后，才能使之与思维结合起来，从而达到掌握体育知识、技术和技能的目的，发展自身的观察能力和形象思维能力。

从体育教学组织与管理过程方面，也能够看到直观性的特点。鉴于教学过程的直观性，教师的行为也应该带有直观性，如要更加富有责任心、为人师表、德高望重，这对学生的身心也是一种无形的教育。另外，直观性特点使得学生在课堂上的表现都是最真实、最直接的，任何伪装在体育教学活动中都是毫无意义的。因此，学生在教学中表现出来的言行都是他们最为真实的一面，而这就非常有利于体育教师对学生的观察与帮助，有利于教师获得良好的教学反馈。

（二）体育知识的传承性

体育是以身体锻炼为主要形式的教育活动。如果从教与学的角度上来说，可以将体育知识形容成一种"身体的知识"。这种知识伴随着人类的发展而发展，在不同时期都有它的发展形势，如在原始社会，身体的知识就是人类通过走、跑、跳、投、打等动作捕获猎物或逃避猛兽的追捕等行为。在现代社会中，体育知识的传承内容变成了某项体育运动或体育技能,如足球、篮球、排球、乒乓球、游泳、田径和武术等专项运动技能。

现代教育越发注重教学过程中学生的主体性作用和"以人为本"的教育理念。人们对这种理念的追求使得人类自我知识的归范不仅代表了体育教学的特殊性,还给予了体育教学知识传承的特殊意义。从这个层面上来看,这种体育教学所传承下来的体育知识已经超越了简单的模仿行为,而将更多的相关文化也融入其中。这些体育文化才是体育运动、体育教学等获得长久传承的动力和灵魂。

(三)身体活动的常态性

体育教学与其他学科教学的最大不同就在于在体育教学过程中充满了对身体活动的要求。在体育教学中,几乎所有内容都涉及身体活动,或者是为即将到来的身体活动做准备的活动,就是对作为"身体知识"的体育教学的最好诠释。在体育教学过程中,不仅是学生要进行具有一定运动负荷的运动外,教师在做示范、做指导和参与到组队教学赛中也需要付出不少体力。所以,体育教学身体活动常态性的特点不只针对学生,它包括所有体育教学主体。

由此可见,在体育课堂教学过程中,教师与学生的身体操练非常频繁,这种几乎与常态化的特点成为体育教学中非常显著的特点。与之相比,其他学科的教学必须要在教室(实验室、多功能厅)进行,而且要保持相对的安静,这样才能够激发学生的思维并产生很好的学习效果。而体育教学却刚好与之相反,其教学的地点多为户外或专用运动场馆,普遍较为宽阔,而且在大多数时间的运动技术练习环节并不需要刻意保持安静,学生之间、学生与教师之间都可以随时有相关的交流和沟通,如此才更有利于对运动技术的学习。

(四)身体与心理的统一性

在许多人的观念中,身体与心理是两种不同的事物,彼此间并没有很多的交集。实则不然,现代科学研究发现,身体健康有助于改善心理健康,而心理健康与否也可以影响身体健康。另外,有一种观点认为开朗的人热爱体育运动,而事实上则是因为人参加了体育运动,才开始变得开朗、阳光的。这就是典型的运动改变心理的事例。因此,在体育教学活动中就充满了身体与心理统一的特点。

体育教学在乎对人身体的改造,与此同时,它还强化人的心理与多种适应能力的发展。而在其他学科的教学中便无法达到这样的效果,这主要在于体育教学营造了不同种类的教学情境,这种情境表现出了十足的阳光、生动、积极、外露及直观的感觉。一系列积极的情境使得参与其中的人在潜移默化中受到感染,以此为学生的心理与社会适应能力的健康发展提供了良好的环境。

由此可以说,在体育教学中,人的身心发展看似是多元的,但实际上在过程中是一种一元化的锻炼，即达到身体与心理的共同拓展和发展，表现出十足的统一性。身体发展是基础，心理发展依赖于身体的发展而存在，心理的发展同时促进身体的发展。具体来看，在体育教学中人的身体与心理的统一性主要体现在以下两个方面：

1. 体育教学的教材内容选择要注重身体与心理的统一

体育教学内容是体育教学活动的依据。教学内容的好坏将直接影响教学效果。因此，为了体现出体育教学身心统一的特点，首先就要从教材选择环节开始。也就是说，选择的教学内容要对学生身体各部分、各种运动能力和各种身体素质有积极的影响，而且要注重教材对学生心理及其社会适应力的影响，所选教材的编排要符合该年龄段学生的心理特点。除此之外，还要满足其美学、社会学等其他方面的要求。

2. 体育教师选择的教学方法要注重身心统一

由于与其他学科教学相比增加了更多的内容，因此，体育教学的方法也就更加丰富。体育教学方法主要是由体育教师进行选择的，为了使体育教学保有身心统一的特点，体育教学方法的选择就要关注到这方面的内容。通常为了体现这一特点，体育教师选择的教学方法都要遵循与学生年龄段相适应的身心变化规律，使学生在经常进行的体育教学活动中学习到正确的体育技术和技能，学生掌握这些技能的成长曲线并不是一路上涨的，而是有忽高忽低、忽快忽慢的过程和起伏。另外，体育教学方法的选择还应符合学生的心理特点和年龄特点。与对体育技能学习的规律相似的是，学生在接受教学的同时其心理活动也呈现出波浪式起伏的曲线现象。这种生理、心理负荷波浪式的曲线变化规律，体现了体育教学鲜明的节奏性和身心的和谐、统一性。因此，要想选择正确的、适合学生身心发展的体育教学方法，体育教师就必须根据学生的诸多身心特点进行安排，如此才能在促进学生身体发展的同时，有效激发学生的积极性和兴趣爱好，更有效地发挥体育教学的功能。根据不同阶段学生的身心特点选择恰当的教学方法也是评判一位体育教师综合水平的重要依据之一。

（五）教学内涵的优美性

体育教学内容是非常丰富的，它涉及多种与体育相关的内容，不仅仅限于球类运动、游泳、田径，还包括体育舞蹈、瑜伽等内容。通过对这些内容的学习，学生可以普遍从中体会到源自体育的丰富情感，这种情感几乎都从"美"中而来。

体育教学内容丰富的情感性首先体现在体育教学过程中，师生可以体会到只有体育才能赋予人的人体美和运动美。学生通过接受体育教学，掌握体育健身的方法和技能，以此达到运动塑身的效果，使身体外在形态保持优美的线条和良好的身材比例。同时，在运动中，可以看到人体不同的动作展现出的动作美和肌肉的动态美，这种美只有在运动中才能看到，是极为外显的美。在内在精神方面，体育教学也蕴含着"美"的元素，如学生为了争取比赛的胜利而表现出的不畏强敌、奋勇争先的精神；在关键时刻始终保持冷静的心态，或是在运动过程中表现出谦虚、文明和有道德的风度等。

既然有美的存在，那么就要有欣赏美的人和能够欣赏美，懂得如何欣赏美的能力。每一项运动都向人们表现出了不同的美的特点和审美特征，如球类运动可以表现个人对球类技术的掌握能力，集体球类项目中除了个人能力外，还包含与队友之间的协作和互助精神。这些内容都是人类积累下来的体育知识与技能，体育教师通过科学的概括和提炼，将其精髓传授给学生，意在使学生也能感受到体育中蕴含的美，并学着去享受它、感悟它。体育之美首先给人的最大作用就是陶冶情操，平衡人们的心理状态。其次，体育教学是一种创造性的社会活动，其创造的成果就是让学生获得内在的顿悟和精神上的启迪。同时，体育教学中教师和学生之间有一条无形的通道联系着，构成了教与学的系统。教师在传授知识的过程中，伴随着师生间丰富而真诚的情感交流。

（六）客观条件的制约性

正是因为体育教学涉及的内容较多，再加上与之相关的构成要素也同样较多的缘故，也就使体育教学会受到更多客观条件的制约，而这也是体育教学不同于其他学科教学的一大特点。具体来说，体育教学活动受到的制约主要如体育教学场地条件、器材、气候、学生运动基础、学生其他基本情况（年龄、性别、生理和心理特点）等。这些因素都会影响着体育教学质量。

学生是体育教学的主体之一，是体育知识与技能传授的受众。从这个角度来看，学生的诸多情况会对教学本身造成一些影响，因此体育教学要想进行得顺利、获得良好的教学，就要注重在学生的运动基础方面以及体质强弱等实际情况区别对待。这些差异具体如男生与女生不同的身体形态、机能水平、运动能力等。根据这些差异，学校体育教育部门和体育教师在进行教学设计、教材选择和教学组织等方面的制定时就要考虑周全，否则不仅不能达到预期的教学效果，还可能会增加体育教学的风险。

体育教学环境是体育教学的场所。作为重要的教学载体，体育教学环境质量的高低对体育教学会产生较大影响。通过几个事例就可以很好地说明这个问题，如经常在室外开展的体育教学，如果面临的是严重的空气污染，或邻近马路带来的噪声污染则势必会影响体育教学主体在教学活动中的状态与情绪；天气对于室外体育教学的影响也是不能忽视的，这点在早年间越发明显。如遇到雨、雪、大风等恶劣天气时，体育教学就被迫停止，转而来到室内进行一些体育理论课的教学，如此势必影响体育实践课教学计划的顺利展开。

综上所述，在诸多客观条件的制约下，为摆脱不利条件的影响，体育教师就要从学年的体育教学计划到具体课时计划，从教材内容选择到教学组织方法实施都必须考虑到这些客观实际与影响因素，尽量将制约因素的影响程度降至最低，以提高体育教学的质量与效果。

二、体育教学的功能

（一）促进身体发展的功能

学生亲身参与体育运动实践在体育教学活动中是必不可少的。而既然参与运动实践，就必然会使身体承受一定量的运动负荷。为保证学生身体的健康，运动负荷强度需要由体育教师酌情掌控。

合理的运动负荷对发展学生身体素质有极大的帮助，它对学生的机体或多或少会产生一定的刺激与影响，其影响的程度要视运动项目的内容、学生身体素质、持续运动的时间、运动间隙时间、营养补充等状态而定。不同运动项目对身体的锻炼重点也有着很多区别，如足球运动对人体的耐力、爆发力、速度和灵敏度有着较高要求；游泳对人体心肺功能和协调能力有较高要求等。由此认定体育教学具有促进身体素质发展的功能是毋庸置疑的，但同时也要注意的是，如果运动负荷过大，那么体育运动不仅对身体健康没有好处，反而会伤害学生的机体。为了把握合理的运动负荷，就需要体育教师在制订教学计划前就要对学生的普遍体质与运动基础有一个基本清晰的认识。因此，从体育教学影响身体功能的角度而言，要有效发挥体育教学健身功效，必须遵循体育教学的规律，运用科学的教法与组织形式，才能够达到预期的效果。

（二）促进心理健康的功能

世界卫生组织确定的现代健康新标准中明确认定了心理健康也是评定人体健康的指标之一，我国自古也有"身心合一"的理论。经过长期的实践发现，体育教学在对学生身体产生积极影响的同时也会对学生的心理与思想产生影响，这方面的影响与其他学科既有共性，也有差异性。体育教学促进心理健康的功能主要是通过教师传授来实现的，因为教师的一言一行无时无刻不影响着学生的思想。因此，教师必须身体力行、为人师表，为学生做出表率与榜样。这些行为都是在潜移默化中进行的，而不是安排几堂心理辅导课。教学更为重要的作用是传授各种人类社会的道德、规范与理念，这是学生走向社会之前的必学内容。

具体来说，体育教学对学生心理的影响主要包括个人心理与团体心理两个方面。

从个人心理方面来看，体育活动一方面可以缓解学生的学习压力；另一方面，参与体育运动就要频繁地面对成功与失败，其中失败和挫折的次数远远多于成功。由此可以培养学生在逆境中正确处理心态的能力，作为胜利者也要做到戒骄戒躁，只有具备这样的素质，才能再接再厉，取得成功。

从团体心理方面来看，学生作为体育运动团队中的一员，需要处理好个人利益与集体利益的关系，应抱有克服一己私欲，顾全大局的思维行事。

（三）提升社会适应的功能

现代社会的发展非常迅速，这使人们稍有停留便会被潮流所抛弃。对于青年来说，紧跟社会潮流，并且在跨入社会后能够与之较好地融合、适应是非常关键的。这是体现人的软实力的标准之一。在体育教学中，学生之间的交往具有特殊性、外显性与频繁性，学生在多样的体育活动中会产生多种身体之间的交流，交流的同时也传播着各种体育竞赛的规则，竞赛规则就好似社会规则，需要人人自觉遵守。由此可以说，体育教学环境就像是一个微缩化的社会，这个社会赋予了学生之间需要遵循的各种规则与准则。若不遵循，必然受到惩罚；若表现突出，则得到表扬称赞。执行这个法则的人就是教师。因此，教师必须公正，才能对学生产生良好的影响，培养学生良好的体育道德规范，培养学生适应未来社会的各种道德规范与做人理念。

（四）传授运动技术的功能

在远古时代，运动技能就等同于生存技能。那时的人类通过走、跑、跳、投、打等行为捕猎和采摘，来获得生存的能量。现代社会早已物资丰盛，对于人体的要求就不再像过去那样严格。现代运动技术也演变为了丰富的体育运动技术，如球类、武术、田径和游泳等。科学研究表明，适当参加体育运动对人的身心素质提升均有较大帮助。最终，体育教学就成为传授这些运动技术的最好方式。

从具体的实践角度来分析，学生每周都要参加的体育课堂就是体育教学的最小单位，体育课堂的基本活动过程就是体育教师以体育教学内容为依据对学生传授体育知识与相关技能的双向信息传送活动。因此，运动技术就成为体育教学的主要内容也是重要内容。运动技术不同于其他学科的学习，它不仅需要学生对运动理论有深刻的了解，还要学生身体力行地亲身参与技术练习，在无数次的重复中逐渐在脑中和身体上建立起对技术的表象反应，最终到熟悉动作以及可以在下意识的情况下做出正确的动作。因此，对于运动技能的训练，没有实践就无法学会。

对于运动技术的传授，体育教师是关键。作为运动技术的掌握者和传播者，教师在体育课中传习的是各项具体运动技术。如足球运动中的传球技术，甚至可以细分到内脚背传球技术。其他运动项目的技术传授也可以依此类推。体育教师对运动技术的传授通常都会从简单的、入门的、基础的入手，逐渐积累、循序渐进，只有从小的运动技术学起，才能积少成多，掌握整个运动项目的技术。

（五）传承体育文化的功能

体育教学并不仅是简单地对体育运动技能和相关知识的传授活动，这些只是表面上的行为，体育教学真正的目的在于教会学生正确的体育运动方法，使其能在未来的生活中对其身心产生持续的良好的影响，是一种体育文化的传承。

从体育教学的系统结构视角出发，体育教学是由每周二至三次的体育课组合而生的一种贯穿全年的教学计划。其中根据教学周期的不同可以分为课程教学、周教学、学期教学和学年教学。比学年教学周期更长的就是小学体育教学、初中体育教学、高中体育教学和高校体育教学。

从单一一堂体育教学课的视角出发，可以把体育课中传习的各种小的运动技术累加起来，学生学到的是某个运动项目的完整技术，继续累加，就学到了各种运动技能。

综合两种视角，使得学生通过不同阶段的体育教学，学习到较为完整的运动知识、运动文化，掌握各种运动技能，从而实现体育教学传承体育文化的功能。

第三节 体育教学的原则和规律

一、体育教学的原则

原则，即人们说话办事依据的准则和标准。教学原则，则是根据各种不同的教学因素，把同类性质的因素加以科学的抽象和概括而形成原则（直观性原则、自觉性原则和教育性原则等）。体育教学的原则，是体育教学过程客观规律的反映，是在长期的体育教学实践中积累起来的，具有普遍意义的经验的总结和概括，是体育教师进行教学工作必须遵循的准则。体育教学原则与其他的原则不同。同样，体育教学与其他的教学也不同。二者最根本的不同在于体育教学突出认识和实践。从而得出，认识和实践的有机统一是体育教学区别于其他教学过程的根本特征。然而最终的目的是希望教师合理地运用体育教学原则，以此来促进学生的身心健康全面发展。

（一）中国的体育教学原则

体育教学原则在各个不同时期均有不同的发展，不同的国家体育教学原则略有不同，然而，大体上又一致认同。经过查阅文献得知，从1981年体育院、系教材编审委员会编写的体育理论教材中，提出了七项教学原则。中国的体育教学原则一般有自觉积极性原则、直观性原则、从实际出发原则、循序渐进原则、全体全面发展原则、合理的运动负荷原则、巩固提高原则。但是，随着社会的不断发展，教育学、心理学、社会学、教学论、方法论及体育科学的发展，人们对体育教学原则的认识不断加深，体育教学原则体系的研究形成多种不同的思想观念。体育教学原则不是仅仅局限在以上几种原则上，但是也并不是不赞同中国的体育教学原则。现在也是对我国在体育教学原则体系的基础上进行逐步完善，对教学实践过程的指导也越来越科学。蒋新国在《我国体育教学原则的历史演变》一文中阐述了体育教学原则各个不同时期的完善和发展，指出了体育教学原则不再仅仅是重视体育教学的学科性、健身性和思想性，而是开始关心学生身心健康的全面发展和人文精神的培养。然而，这也是受当时学校体育指导思想和对体育教学规律认识影响的必然结果。

（二）体育教学原则的运用

体育教学原则保证体育教学的顺利进行，所有的教学原则相辅相成。

1. 直观性原则

对于直观性教学，要求教师给予学生一个正确的直观概念。教师应抓住重点，生动形象、语言简短明了地进行讲解，还可以让学生反复地进行一个动作的练习，使学生的感觉器官建立暂时的神经联系，形成正确的动作定型。比如在练习太极的过程中，太极"抱球"的手势，将这一动作传授给学生，使手掌的五指分开假设双手之间抱着一个球，我们可以运用到这一原则。对小学生而言，其模仿力较强，这一原则是最为有效的原则之一。

2. 巩固性教学原则

这一原则有助于学生动作的熟练以此来形成更加标准的动作。目的就是能多加练习，形成一种肌肉记忆，再到熟能生巧。比如，在篮球运动项目中，学习篮球运球、急停、转身、传接球时，为了巩固转身这个动作，可以把急停、转身、传球贯穿进去。三天不练手生，如在网球教学中，长时间不练网球发球，随之抛球的稳定性、发球的成功率均会下降，此时就需要多加练习进行巩固，这一原则尤其是对刚接触项目的学生而言，要巩固练习，以形成正确的技术动作。

3. 合理的运动负荷原则

这一原则要求教师在上课期间根据教材的特点、教学条件、学生的实际情况合理地安排教学内容，使学生不仅能更好地掌握技能还能促进其身体的健康发展。教师合理地安排运动量和运动强度。通俗来讲，这里的运动量与运动强度并不是同一概念，运动量指的是次数、组数、重量时间等。而运动强度指的是完成练习所用的力量的大小，如负重的重量、跳的高度、跑的距离等，合理地安排运动量与运动强度，量大则运动强度小，运动强度太大，则相应减少运动量。保证在学生承受最大疲劳限度的情况下根据实际情况来合理安排。

4. 循序渐进原则

循序渐进原则，从字面就表现出由简到难、由一般到复杂的过程。逐步进行，不断提高。比如网球的正手击球，首先要从握拍开始，到准备姿势，到引拍上步，再到挥拍，再到准备姿势这样一个完整的过程，练习者开始可以做无球的动作练习，再做有球的原地击球动作练习，最后再做有球移动的动作练习，这样逐一练习，然后逐步进步。

5. 启发式教学原则

采用启发式教学可提高学生学习的积极性，调动学生的积极思维，加深学生理解和认识、牢记动作、少出现反复，启发学生主动去思考去领悟。比如在排球发球的教学中，通过生活当中甩鞭子的一个动作，启发学生做发球动作时一次用力地发力顺序，或将其用于标枪等投掷项目当中，使学生能够举一反三，培养学生的自学的能力。运用启发性原则，开发学生智能，调动了学生学习的积极性，科学地进行训练，取得事半功倍的效果。

此外，教学原则还有因材施教原则、超负荷原则、恢复原则等。无论哪一种体育教学原则，目的都是从学生的根本利益出发，提高学生的身体素质，促进学生的健康发展。

体育教学原则体系将随着社会的不断发展，教育学、心理学等相关学科的发展而不断发展。近年来，随着新课改不断深入开展，一套套新的体育教育原则不断应运而生。目前，我国有关新课程与体育教学原则创新的研究还很有限，基础教育体育（与健康）课程的改革与发展滞后，我们应取其精华，去其糟粕，把体育教学原则通俗地贯穿到教学中去，使学生容易接受、理解，达到自觉练习的目的，开发学生智能，提高学生的体能素质，促进学生身心健康全面的发展。

二、体育教学规律

体育活动，就是通过各种体育运动小组的活动和比赛，以及参加群体性的体育活动，使受教育者的身体得到多方面的锻炼，增强运动的技能和技巧，提高体育锻炼的兴趣。在我校的体育课教学中，我们着力探索体育教学规律，努力丰富体育课程内涵，使体育教育教学取得了一定成效。

（一）探索规律组织体育教学

如何组织好小学体育课的教学工作，更好地为教学服务，是体育教学中的关键问题。

首先，教师要把握体育课自身特点，即通过身体的各种练习，使体力活动与思维活动紧密结合，掌握体育知识、技能和技巧。要遵循体育教学过程的规律，根据教学内容和学生情绪的不同，灵活组织教学。

其次，遵循体育教材特点，组织教学活动。小学体育包括田径、球类、技巧、武术、体操等多种教材，不同的教材有其不同的特性。因此，教师在教学中要善于把握教材特点，挖掘教材潜力，改革传统教学形式，充分调动学生学习的主动性和创造性，提高教学效果。

最后，体育教学不仅要遵循体育规律，还要遵循儿童身心发展规律。要根据儿童的生理和心理特点，如有意注意时间短，兴奋过程和无意注意占优势，好奇、好动、好模仿、好竞争等现象来组织教学。

（二）丰富内容推进素质教育

体育教育是素质教育的有机组成部分，体育教育的目的就是通过初步学习和掌握体育的基本知识、基本技术和基本技能，完成锻炼身体、提高思想道德水平的任务，从而有效促进素质教育。

从体育活动的性质上来说，有利于发展学生的特长和才能。学生在活动中自己教育自己，有利于学生自觉地去接受教育，养成良好的纪律和高尚的思想品德。

从体育活动的组织上来说，形式多样，不拘一格，有利于学生的身心发展，有利于培养学生的观察力、思维力、想象力、创造力，有利于提高体育活动质量，提高学生素质。

从体育活动的目标培养上来说，要培养学生"三种意识""四种能力"。所谓"三种意识"就是培养学生的参与意识、实践意识和竞争意识。"四种能力"就是观察力、注意力、记忆力、想象力。

（三）体育课渗透爱国主义教育

一是通过体育教学活动培养学生的集体意识，增强爱国热情。由于体育教学的特殊性和组织方式的多变性，容易导致集体与集体、个人与集体的频繁接触，学生对集体间的竞争和对抗、胜与负比较敏感，情感流露比较真实。根据这个特点，我们积极帮助和引导学生树立正确的集体观念，正确对待个人与集体、集体与集体之间的关系，培养其团结协作、互相配合的集体主义精神。

二是联系相关事物，引申教育内容。针对小学体育教材思想性不明显的情况，我们通过引申教学内容，来加强爱国主义教育。如在"快速跑"这一教学内容中，我们融入了"时间"概念。教师通过开动手中的秒表，把分分秒秒报给学生听，让学生体会时间和空间印象，然后将时间所包含的经济、文化等价值和学生分享，即通过珍惜时间，给国家创造财富，培养学生的时间观念。以此来培养学生兴趣，丰富学生知识，以此来激发学生的爱国热情。

（四）体育教学风格形成的基本规律

所谓的教学风格，是指教师根据各自的优势、特长，结合教学的具体情况，经常采用的一整套个性化的独特教法，以追求最佳的教学效果为目标。在体育教学中，形成独特的个体特征教学风格，是体育教师进入高层次教学境界的重要标志。它对学生学习态度的形成、个性特征的培养、学习氛围的创建、合作精神的养成等都有积极的作用。教学风格是体育教师在创造性劳动中逐步建立起来的"独特教学模式"，在建立的过程中既能体现出教师的教学思想、教学意识、教学技巧等内在的东西，又能够表现出教学的教学行为、教学形式、教学效果等外部的特征。本节对体育教学风格形成的规律进行研究，旨在为提高教学效果提供参考。

1. 体育教学风格的基本特点

（1）突出个体性。

体育教师的个性心理特征对教学风格有着直接影响。如偏于多血质气质类型的教师，情感丰富，教态亲切，善于启发诱导学生，教学中反应敏锐、方法多样，因此，可以称为"民主型"教学风格——北京王仲生教师的"以心导教，心动身随"具有这个特点。偏于胆汁质气质类型的教师，情感浓烈，作风果断，教学中兴奋性高，富有激情，动作幅度大，感染力强，因此，可以称为"激情型"教学风格；但当学生练习出现问题时，教师容易表现出急躁发火现象。而黏液质气质类型的教师，一般性情清高，教态稳健，教学中往往含蓄深沉，简洁明了，因此，可以称为"沉稳型"教学风格。作为教师应有意识地发挥自己教学风格上的优势，克服不利因素，从而使个性心理特征与教学风格形成最佳的结合。

（2）追求稳定性。

体育教师的教学风格一旦形成，将有相对稳定的特征。这是由教师的个性心理特征、知识结构、文化素养、工作环境、社会赋予的要求等所决定的。知识结构、文化素养的不同，会直接影响到教师的思维模式、教学理念和治学特征，最终会孕育不同的教学风格。教师教学风格的形成应有一个较为宽松的社会环境、有一个良好的研究氛围、有一个灵活的教学空间，只有这样才有助于教师开创性的工作，形成其各自特有的教学风格，克服"高度统一""千人一面"的现象。专家们对王仲生、蔡福全教师教学特色的概括，是二位教师几十年的教学经验积累，具有相对的稳定性。稳定的教学风格有助于教师在相对的工作状态下进行教学，有助于学生在一定时期内逐步适应教师的教学风格，从而较好地理解教学目标，取得最佳教学效果。

（3）实现创造性。

体育教师教学风格的形成，是一个长期实现创造性工作的过程。大量实践经验证明，教师教学风格的形成是有规律可循的，即未有风格—形成风格—打破风格—形成新风格。这种良性循环需要教师创造性地开展研究工作。当然，创造性的研究工作是随着教师教学经验的积累、知识水平的提高、职业要求的深化、学生需求的变化等情况进行的，往往是自觉与不自觉相结合的。如小学阶段的教学，以养护为主，参与意识和锻炼并重，注重培养兴趣，教学中较偏重引导、游戏形式的教学，因而易创造出"启蒙、生动、亲切"的教学风格。而初中阶段教学，让学生在多种多样的运动条件下能够有意识地去活动，充分体验体育的乐趣。高中阶段教学，偏重于教会学生运用体育手段和方法，进行独立锻炼，进一步培养锻炼习惯。因而易创造出"严谨、规范、民主、生动"的教学风格。

2. 体育教学风格形成的过程

（1）模仿阶段。

初为人师，有几个角色需要转换。即由学生向教师的转换、由过去的"学"向现在的"教"的转换、由被动地被人管理向主动地管理别人的转换、由随意的行为向规范的行为转换等。作为青年教师从主观上都有搞好教学工作的良好愿望，但往往又苦于角色转换较慢、教学经验不足，从而无法达到预计的教学目标。那么，最直接、最有效的办法就是模仿，模仿老教师的教学风格。一般模仿是从局部开始的，逐渐向全局扩散，或先是形式的，后是内容的。如当一组好的教法和组织形式被青年教师模仿使用取得明显效果的时候，有心人就会进行一定的反思，分析这种事半功倍所产生的原因；如果套用相同的方法和形式教授不同的内容，也不会产生好的效果，此时一定要分析造成牵强附会的原因。

（2）选择阶段。

青年体育教师在模仿老教师教学风格的基础上，已对不同的教学风格类型有了大致的了解，开始对自己感兴趣的教学风格进行选择。一般来说，青年教师首先选择的是与自己专业或专项相关的教学风格。因而这样更有利于发挥专业特长，反映自我风格特点，体现了"一专"的要求，在以往的毕业生中专业体育院校表现得较为突出。其次是选择与自己专项有一定联系的教学风格，因为学校体育教学的内容很多，只靠专项教学是不够的。按照教学大纲要求，每位体育教师必须对所教授的内容有透彻的理解和掌握。所以，要在专项的基础上扩充其他内容，同时必然要涉及不同类型的教学风格。随着看课、观摩、分析课、研究课的增多，以及接触不同年龄体育教师的增加，选择的范围也在加宽，以体现"多能"的要求，在以往的毕业生中师范院校体育系表现得较为突出。

（3）定向阶段。

当体育教师对众多教学风格特点有了较为清晰的认识后，还必须找准自己的定位，学会如何扬长避短地开展教学，逐步形成独特风格是十分重要的。一般来讲，可以根据自己的知识结构、文化素养确立教学风格。如知识面较宽的教师，教学讲解中能够旁征博引、挥洒自如，其教学风格必然呈现"洒脱流畅、生动活泼"的特点；知识结构以专深见长的教师，教学中能层层递进，分析问题如抽丝剥茧，其教学风格也更为"深沉隽永"。也可根据自己的气质类型确立教学风格，气质是个人心理活动的动力特征，这种动力特征主要表现在心理过程的强度、速度、稳定性、灵活性及指向性上，气质对教学风格的确立和形成具有深刻的影响。另外，还可以根据治学领域的特点确立教学风格，治学领域的"土壤"不同，必将培养出各异的"风格之树"。

（4）创新阶段。

体育教师教学风格的形成，实质是一个不断创新的过程。教师的教学风格一经确立，便以一个相对稳定的状态表现出来，但不是一成不变的。教学实践证明，教师教学风格的变化是一种螺旋式的上升。这与教育内涵的扩展、教学内容的更新、学生需求的变化、教师教育理念的提升有着密切的关系。其中教师教育理念的提升是最为重要的，只有观念的更新、意识的超前，才可能带来行动的创新。一种教学风格的形成，蕴含着教师的创新意识、创新思维、创新能力、创新活动等。近年来，全国十城市优秀体育课观摩大会上所展示的优秀课，集中反映了我国中小学体育教学改革的最新成果，代表了广大体育教师的创新活动。

综上所述，体育教学风格是体育教师在创造性劳动中逐步建立起来的"独特教学模式"，在建立的过程中既能体现出教师的教学思想、教学意识、教学技巧等内在的东西，又能表现出教学的教学行为、教学形式、教学效果等外部的特征。体育教师教学风格形成于长期的教学实践，发轫于艰苦的探索，是教学一般规律与个人教学实践相融合的产物，是教学内容与教师灵感的交融升华，是教师个人创造性思维的结晶。教育管理者应善于发现和树立有"独特教学模式"的体育教师，并创造性地开展工作。

（五）注意规律在体育教学中的运用

在教学中我们常常会遇到学生注意力不集中的问题，它是困扰教学效果的主要因素，学生是否集中注意力听课，和教师的讲课有很大关系，优秀的教师一定是课堂上的焦点，他的一言一行能吸引所有学生的注意，使学生在课堂上的心理活动集中指向于他，注意是教师与学生之间教与学的一个关键的心理活动，有一个磨合过程，这个过程直接影响着师与生、教与学的默契，也影响着教学质量，学生良好的注意品质是教师在长期的教学训练中培养和发展起来的，利用注意的心理规律上好体育课，传授体育基本知识、基本技术和基本技能是我们教师探索和研究的方向。

1.运用无意注意的规律组织教学

（1）合理利用刺激物的特点来组织教学。

根据条件反射的强度规律，刺激物在一定限度内的强度越大，越能引起人的注意，课堂上影响学生注意力分散的诱因有很多，一切刺激物都会干扰注意力，我们要正确区分刺激物的良莠，新的教材、讲解的趣味、示范的优美、器材的新鲜感等都会激起学生的良性注意，要尽量消除不良刺激物对教学的影响。

（2）采用不同的教学方法，吸引学生的注意。

体育教学不同的教法可以转移学生的兴趣，变换教法能使学生从一个兴趣点转移到另一个兴趣点，持续不断地激发学生的兴趣，是吸引学生注意的前提。因此教师在体育教学中应充分利用这些条件，启发学生思考，分析动作之间的内在联系，集中学生的注意，便于领会动作要领，掌握运动技能。组织学生身体练习时，还要注意变换方式，可采用竞赛、游戏的形式启发学生学习体育知识技能，调动学生积极性，会收到较好的效果。

（3）利用语言的形象描述，吸引学生的注意。

语言交流是体育教师进行教学和组织学生注意的重要工具，教师讲解时，声音的大小、语速及声调的变化都可以唤起学生的注意，直接影响教学效果。教师的语言要言简意赅、生动形象且具有启发性，符合学生接受的能力，语言的鼓励与安抚能很好地帮助学生克服困难和心理障碍，能集中注意，提高学习的积极性。

2. 运用有意注意的规律组织教学

课堂上学生有意注意时间的长短，决定课的成功与否。有意注意也称主动注意，它是有目的有意识的直接的自觉的心理活动，只有提高学生有意注意的能力，才能提高学生锻炼的质量。在组织教学过程中，要求教师不但要想着上好课，还要培养学生有意注意的能力。组织教学，集中学生注意力，提高教学效果。

（1）明确体育课学习的目的，提升有意注意的能力。

学生对于为什么要上体育课，为什么要进行运动训练并非深知其目的。因此，教师对学生要经常进行引导教育，使学生明白终身体育有益身体健康，激发学生自觉积极地学好体育，锻炼身体，明确学习目的的教育还必须渗透到日常教学训练中，要求教师在教学的开始阶段就树立学生终身体育有益健康的思想，使之养成稳固的健身习惯，并自觉为之。

（2）根据学生的兴趣特点，有的放矢。

兴趣是集中注意的重要心理因素，教师在教学过程中必须了解学生兴趣发展的各年龄段的兴趣特征，有经验的教师既会重视学生的直接兴趣，又会重视学生的间接兴趣，根据学生不同年龄段心理特点，在教学中引导学生思索及体能对抗的游戏方式，提高学生锻炼的积极性，还可以编一些通俗易懂、简单易学的口诀，来提高学习的兴趣，对理解能力强的高年级学生可采用视频、幻灯教学，使抽象概念直观形象化，并用剖视、慢动作分解演示等教法，分析理解复杂动作过程的结构，培养学生的兴趣，吸引学生的注意力，提高教学效果。

（3）提升学生自我监督的能力，培养良好的行为习惯。

良好的自觉行为是集中注意的重要条件，学生自觉行为的形成要经过长期培养。因此，教师在教学过程中，对学生要进行常规教育，如按时作息、遵守校规、比赛规则、上课注意听讲、认真完成作业等，养成良好自觉行为，有助于培养学生不受时间、地点、条件的影响，养成注意的好习惯，提升有意注意的能力，适应自觉学习锻炼身体的价值。

3. 善于运用两种注意相互转化的规律组织教学

课堂上，一般来讲，学生的无意注意时间短频次高，有意注意时间长频次低，对刺激物的直接兴趣可以引起无意注意，而对刺激物的间接兴趣可以引起有意注意，两种注意在同一活动中又是相互联系和转化的，只注重无意注意，学生虽然有兴趣，但无坚强的意志和克服困难的能力,也不能完成既定的体育教学任务,注意是实时性的,短时间内,情绪高涨,可以提高学生的学习锻炼的效果,可时间长了,情绪消滞,会有厌倦感。因此,有经验的教师会合理地安排教学内容,激发学生兴趣,通过适时讲解示范演绎,引起无意注意。另外,要鼓励培养学生不怕困难专研学习的意志品质和探索精神,提高主动注意能力。在课堂学习锻炼过程中,应避免过多的重复的练习,以免产生消极情绪,要求教师要有不断地有关联地指导动作练习,交替练习锻炼,时刻保持较高的情绪和兴趣,促使两种注意的相互自然转化,从而提高体育课的教学质量。

要上好体育课,在开始阶段教师要通过简洁明了新颖的讲解宣布课的任务,引起学生的兴趣,激励学生想体验的欲望。在平常的体育课中,要不断地培养学生的注意品质,主动地去专注某些事物,形成注意的稳定性,提高学习锻炼就有了事半功倍的效果。

三、迁移规律在体育教学中的运用

迁移规律是体育教学中的客观存在,为正确认识迁移规律对体育教学的影响,提高教学质量,下面对体育教学中的迁移规律进行了简要的分析,对迁移规律在体育教学中的应用进行了探讨,并对应注意的问题提出建议。

(一)迁移规律在指定学年或学期计划时的运用

制定学年或学期计划时,除了贯彻教学大纲的统一要求外,还要注意教材分布的纵横关系。在教材的纵横关系中就要考虑到迁移的问题。纵的教材关系,如进行标枪教学时,先教原地投掷,再教上步投掷,然后教助跑投掷。因为上步和助跑投掷的握枪、引枪,最后的用力到出手这些动作的基本环节和原地投掷相同,所以后两种投掷时只需把上步或助跑的技术与原地投掷技术连贯起来就行;在学习与原有动作结构相似的新动作时,大脑皮质由原已形成的基本环节或附属环节的运动条件反射即可作为新的动力定型的基础,只需补充一些基本环节或附属环节的运动条件反射,新的动力定型即可形成。因此,制定学年或学期计划时,应尽量在回忆旧知识的基础上引出新的知识技能,将具有共同因素的教材内容合理地安排在一起并贯串练习,这不仅可以复习旧的技能,同时还能使学生更好地理解和掌握新的知识技能,达到前面的学习是后面学习的准备、后面的学习是前面学习的发展的目的。

另外,在制定学年或学期计划时,要避免运动技能之间的相互干扰。两种不同运动技能之间,动作技术主要环节不同,而细节部分相同,在学习时它们之间往往产生干扰。如掌握了单杠挂膝上,对学习单杠的骑上有干扰,这是因为前者要求屈膝,后者要求直腿,动作的基本环节不同,前者干扰后者;如果同时学习某两种技能,而且都没有达到熟练和巩固的程度,这两种技能就容易相互干扰,或者两种技能中有一种掌握得比另一种熟练，那么前者就容易对后者发生干扰。如学习了跳高起跳（单脚起跳）的技术动作后，对学习支撑跳跃的起跳（单脚上板，双脚起跳）就可能产生不良影响；两种运动技能，结构相似，速度相反，其中某一技能已经相当熟练、巩固，要想形成相反的技能动作时，就感到很困难，甚至出现错觉，如短跑和长跑。两者动作结构虽然相同，但在动作反应速度上对神经系统的要求呈现完全两样，故产生干扰。

（二）迁移规律在教学中的应用

1. 讲解、示范中的比喻与启发

在教学中，教师采用生动形象的教学语言，不仅能够启发学生积极思维和想象，而且能使学生加深对教材内容的理解。例如，学习前、后滚翻技巧动作时，教师用球做比喻，启发学生要低头、团身、屈膝使身体接近圆球形，才能像球那样进行前、后滚动，从而使学生心领神会，加深对动作要领的切身体验，加速对新技术的掌握。

2. 组织诱导性练习

（1）模仿练习的运用。

根据相似的刺激物可以引起雷同反应的原理，组织适当的模拟练习促其产生正迁移，诱导学生逐步低学习并掌握教材。例如，在铅球教学中，从徒手原地正面推铅球动作—徒手原地准备姿势（蹬、转、挺、推、拨）的最后用力—滑步推球的模仿练习，对诱导学生逐步掌握正确的推铅球技术有帮助。其生理机制就是，通过模仿产生迁移，诱导学生学会并掌握教材。

（2）分解练习的运用。

为简化动作的掌握过程，教学中常常把完整的动作合理地分成几个部分，然后按部分逐次的练习，最后完整地掌握。例如，在进行排球正面上手传球教学时，可先进行传球手形地练习；其次进行正确击球点的练习；再次进行蹬伸迎拔协调用力动作的练习；最后将以上三种练习串联起来，就会使学生完整地掌握正面上手传球的动作要领。每一个分解练习都给大脑皮层建立暂时性神经练习过程产生了痕迹效应。如果学生能正确、熟练地掌握每一个分解练习，则分解练习过程中产生的迁移就能使学生获得良好的学习效果。

（3）辅助性练习的运用。

辅助性练习是指为发展某种动作所需的身体素质的练习。体育教学中，为使学生更快、更好地学会某项技术，而选用一些辅助练习来发展该项技术所需要的身体素质，确实有利于素质和技能迁移。例如，在推铅球教学中，为提高铅球出手的初速度，必须发展学生推球的力量。因此，常常选用一些发展臂力、腕力、指力的练习，诸如俯卧撑、俯卧撑推手、俯卧撑击掌等，以发展掌握技术所需的力量素质。

3. 充分利用学生已有的知识、经验促进学习的迁移选择提倡生活中较为熟悉的动作概念，给学生以生动、形象的诱导。由于学生对这些动作、姿势印象比较深刻，因而容易接受和体验。如学习前滚翻时，教师可以用"篮球滚动"来启发学生；要求跳远踏跳的起跳腿快速蹬离地面时，可用"赤脚踩在滚烫的铁板上"的比喻来提示。语言简练、准确，便于学生回忆、指导自己练习。

可见，迁移总是以先前的知识、经验为前提的。有关的知识技能掌握越多，越容易举一反三、触类旁通。

4.建立学生良好的心理状态，促进技能的迁移

针对不同学生的不同气质类型进行心理疗法，好胜心强的学生可用"激将法"，性格内向的学生则多运用心理暗示，使他们产生强烈的学习欲望，从而有利于加快运动技能的迁移和巩固。因此，教师在整个教学过程中都应帮助学生形成有利的和消除不利的心理状态。

总之，迁移是体育教学中普遍存在的规律，每一位体育教育的工作者，都应自觉地认识和合理运用迁移规律，使学生在学习动作时收到事半功倍的效果，从而提高教学质量。

第四节　体育教学的结构和原理

一、体育教学结构

（一）体育教学结构模式

体育教学活动存在于一定时间流程与空间形态中。时间控制，主要表现在教学方法安排序列上；空间形态，主要表现在教学组织形式上，而教学结构是实现教学目标、实施教学内容、贯穿教学方法和教学组织方式的必要保证。课堂教学结构是目标、内容、组织教法的纽带，因此，教学结构模式的设计历来都是教学研究的一个重要课题。

在此试对我国学校体育的课堂教学结构做简单分析，以教师主导、学生主体的教学思想为指导设计课堂教学结构模式，旨在与同人讨论丰富的体育课堂教学结构。

1.当前我国体育课堂教学结构尚存在的主要问题

目前我国体育教学是以运动技术、技能为主要基本内容，并需要完成多个教学目的的综合课，大多数教师也都习惯于传统的"综合课结构"去上课，每堂课的顺序都是由"组织教学—复习巩固—讲授新知—巩固新知—布置练习"演变而来的体育教学结构。这样的结构看似完整规范，但也存在以下弊端：

（1）知识中心的教学结构跟不上教学目的的发展进程。

从传统课堂教学结构上分析，形成以传授运动技术、技能为中心"为教技术而教技术"的知识中心教学结构。然而教学目的基本内容结构应该为"个性和谐发展观"，且这个教学目的在不断扩充和发展。目前的体育教学的知识中心结构，远未跟上教学目的的发展进程。

（2）以"教"为中心的课堂教学结构忽视了学生学习的主体性。

体育课堂教学大多采用"分解教学—练习—分解教学（N）—练习—完整教学"的递进式结构，缺乏运动的整体感知，缺乏学生已有的运动技能和新运动学习的"矛盾"设计，从而忽视了学生认识活动的心理过程，没有反映出学生学习的规律和主体积极性，教学矛盾在于偏重于教。

2. 新型体育课堂教学结构模式

新型体育课堂教学结构模式主要的构成因素为完整的课堂教学论结构、灵活多变的教学法结构和有序递进的心理逻辑结构。

（1）教学论结构。

体育教学论是研究和说明体育教学的现象、基本因素、本质及内在规律的一门科学和学科。教学论结构反映了学科内容、教学逻辑和包含特殊认识过程的课的三个基本阶段，是组织课的一般指令、一般做法。

（2）教学法结构。

教学法结构是对组织一节课的总指令和总算法，是紧密联系的统一体，但又是相对稳定的。教学法的实施顺序和方式可以经常变化，并可以通过某种教学方法的教学法展开并具体化。如情景和问题教学法，课的开始阶段是通过创立问题情境或提出假说等方式引入新的知识；在解决问题或论证假说的过程中附带现实化；也可能以检查或复习上次课所学习的知识等，视课堂教学目标和教师灵活运用的教学方法体系而排序。

教学法结构的因素就是教师的"教"和学生的"学"所构成的各种活动种类，如讲述、模仿、练习、巩固等，是教学的具体体现。"教""学"的可变性为教师创造性、学识和教学法技巧提供了空间。

教学组织形式也是其中重要的因素。"分"与"合"，分小组教学与班级教学的协调，即"班级教学—小组教学—班级教学"。首先集体同授的主要目的是让学生对整体知识的感知，营造群体学习心理氛围和为后续的分小组学习做准备。分解教学采用小组学习，主要体现在学习新技能的阶段中。最后再班级教学，这里的"合"，是反馈教学情况，通过讲评小结，提示重点、难点，将知识条理化、给构化的整合过程，并对"合"中反馈的问题进行教学回授和纠正。"合—分—合"的操作，既可单轮分合也可多轮分合。其轮次取决于教材、教学需要以及教师的教学控制能力。

（3）心理逻辑结构。

心理逻辑结构是联结教学论结构和教学法结构的内部逻辑环节。掌握知识的过程总是从对事实、事件、规则等的"感知"和"意识"开始的,然后由比较、对比、解释等引导学生对新知识的"理解"和"领会",最终将新知识"概括"地融入以前掌握的知识体系中。心理逻辑结构只能通过教学法来表现,如"复现"通过提问、练习等表现出来;"理解"通过正确地回答、分析运动结构、技术正误判断和正确运用(技术、原理、规则)等表现出来;"概括"通过能够正确组合知识的结构,正确地确定新知识在已掌握的知识体系中的地位等表现来,等等。

在课的内部结构中还以是否包括探索性活动的步骤而分为两种不同结构的课,一种是复现性掌握的课(非问题性教学的课),另一种是创造性掌握的课(问题性教学的课)。

由上述可知,在学校体育课堂教学的结构模式中,保证外部教学法结构与内部心理逻辑结构的最优组合,是成功设计一堂课的关键,是课堂教学结构的灵魂。

4.新型课堂教学结构模式所孕育的功能

(1)课堂教学结构模式体现了教学过程的矛盾和矛盾的发展过程。从课堂教学结构模式的整体结构上分析,"再现已知的知识,在新情况下理解原有知识"和"建立问题情境,提出问题",形成学生已有能力和知识水平与新授知识之间的矛盾;"感知新教材,思考理解"和"提出设想和假说",形成解决教学矛盾的过程;"概括,运用"和"检查解决问题的正确性"解决矛盾。教学矛盾贯穿整个课堂教学结构,并成为引导和带动整个课堂教学过程的动力。对矛盾的主、次转化分析,结构的开始阶段的"教"处于矛盾主要方面,而"学"是次要方面,教师主导作用使教学的主要矛盾由"教"落实到"学",最终使学生成为占支配地位的教学主体。

(2)课堂教学结构模式突出体现了学生的主体性。课堂教学结构模式的"完整教学—分解教学—完整教学"有利于学生的运动体验和对运动的整体感知,是引导激发学生主体积极性的重要结构;"班级教学—小组教学—班级教学",发挥了学生主体能动性和小集体思维的小组教学作用,适用于学生的需要、兴趣、爱好、能力和发展潜能,从而有利于实现学生个性充分和谐的发展。

(二)体育教学的结构生成及其社会功能

体育教学是一个复杂而有规律的系统,由多层要素组成,在推进体育教学的改革和优化过程中,对其进行教学结构分析,能够全方位加深对体育教学的认识,加深对体育教学社会功能的认识。

1.体育教学的本质和教学结构

体育教学是由多种要素构成的,如教师、学生、课时、教材、教学方式、教学反馈等。其中,教师和学生是体育教学结构的基本要素,另外,体育教学要以实现体育课程为目标,以教材和体育器材为载体,在一定的场地环境下进行系统性地教学。

体育教学是团体教育，更是终身教育，也是情感交流和身体发展同时进行的教育。因此体育教学的结构生成应当融合个人认知、情感交流和身体发展。

（1）个人认知。

一般来说，学校教育在个人认知能力上主要表现形式有三种：一是概念性认知，即通过语言等形式形成对外界的概念性理解。二是形象认知，通过一定的形象或者对某个形象的想象形成对外界的认知。三是运动性认知，通过身体与外界的接触形成的认知。

体育教学属于运动型认知，从而确立了体育教学在教学体系中的地位。

另外，在体育学习中，学生首先通过语言和文字了解基本体育知识，然后通过示范对体育动作形象有所了解，最后通过身体对体育运动产生认知。

（2）创造良好的情感交流环境。

体育教学能使学生在运动和竞技中不断地发现自我，完善自我。因此创立良好的情感交流环境，也是体育教学结构中的一个重要组成部分。情感交流能激发学生学习体育的兴趣，满足学生的表现欲，从而实现情感的交流和满足。

（3）促进身体的全面发展。

体育教学是直接通过身体对世界产生认知。其教学结构首要一点就是促进身体的全面发展。首先通过多种方式进行体育锻炼，培养健壮的体格。其次，要建立正确的体育意识，培养意志力和竞技精神。

2.体育教学的社会功能

（1）构成学校整体社会功能的一部分。

体育教学是学校教学的一个重要组成部分，因此它的社会功能发挥也是包含在学校教学的社会功能中。学校教育的直接作用是帮助受教育者成为一个独立完整的人，形成个人的"文化形成"。而受教育者的"文化形成"也是把他归属到社会群体中的一个重要考核标准，并且促使受教育者本人在社会中发挥不同的作用。

受教育者的"文化形成"是由接受各个学科知识的传授形成的一个整体系统，因此体育教学的社会作用是帮助学生形成自身的体育文化。

另外，人类社会的不断发展中也形成了多种多样的文化，体育文化就是其中之一。而体育教学正是对人类社会体育文化的传承。

（2）提高学生适应社会和自然环境的身体素质，提升全面素质。

体育的目标是强身健体，增强体质，锻炼意志。学校的体育教学通过多种方式和教学手段来实现这种目标。学生在体育教学中实现体育能力和身体素质的提升，那么在体育教学中打下的身体基础，有助于增强学生适应社会环境和自然环境的能力，这也是人生存的基本能力之一。

人是社会的组成部分之一，个人身体素质的提升，是构成全民身体素质提升的基础。

（3）提升人际关系等社会交际功能。

人际交往是社会活动中必不可少的一部分，也是个人适应社会的一种必备能力，在社会发展中起着信息交流、情感沟通的重要作用。体育教学的教学方式和教学目标，在帮助学生锻炼身体、增强体质的同时，也在锻炼着学生与他人沟通的能力。首先是学生和教师的沟通和互动，其次是学生之间的互动。另外，体育教学能培养个人对团体或者集体的社会需求心理。

（4）促进心理健康。

体育能保持人的心理健康，缓解现代社会所带来的种种生活压力，在提高人身体素质的同时，促进心理状态的良性发展。因此，体育教学能对学生的心理状态产生积极影响。体育是一种个人与团体互动的过程，在身体得到锻炼和舒展的同时，会对人的心理产生极大的影响。适当的体育运动，能化解心里的孤独和悲伤情感，激发人的积极性和主动性。学校体育教学在学生性格养成中也扮演着重要的作用。根据相关调查研究，体育教学能帮助学生养成积极、乐观的性格，增强学生的自信心和意志力。

综上所述，体育教学是一个完整的教学体统，其内部构成要素和结构之间的关系直接影响着体育教学的效果，促使学生通过体育教学获得身体、心理和精神上的满足，体验情感交流的快乐，并且展开形成体育文化修养，养成终身体育的意识。体育教学不仅注重"体"，更注重"心"，让学生在体育教学中认识体育运动的本质，从而建立起正确的体育意识。

二、体育教学的原理

体育教学的原理简单来说就是进行体育学习或者教学时的一些规律，在学生学习体育技能的时候客观存在的一些规律性。这是和动作的难易程度、性质，学生自身的一些条件、努力的程度，教师的教学水平以及设备和气候有着直接关系的。

（一）学习运动技能的规律和造成影响的一些要素分析

现在通过对运动技能的一些学习规律的研究，得到认可的研究成果主要有以下两种：首先是整体结构理论，在进行技能学习的时候主要分成认知阶段、联结阶段以及自动化阶段；其次则是联结理论，在学习技能的时候主要是分成了三个各具特点却又相互联系着的阶段，也就是局部动作掌握的阶段、整个动作能够初步掌握的阶段以及对动作进行完善和协调的阶段。能对学生运动技能的掌握起到影响的因素很多，主要在反馈和练习两个方面。在进行练习的时候，影响因素主要是进步的实际情况、练习的时间方面的分配、练习的方法是否正确。若是学生进行单纯的动作学习，取得的进步是比较小的，学习技能的时候可以通过反馈的方式，并且学生对联系结果的了解程度也会直接影响到效率提高。

（二）运动技能教学在会能度的基础上的教研规律

在进行体育教学的时候，教学规律有一定的共性，但是由于项目的不同，教学方法和时间的安排都会有一定的不同，这也是教学的个性，此处便是针对其个性进行分析，探讨了和会能度有关的教学规律。

1. 教学时数和运动技能会能度分类之间的关系

（1）会与不会区别比较明显的运动技能。在教学的时候，蛙泳和独轮车这两项运动会与不会之间区别比较明显，并且根据调查显示，蛙泳需要十二个学时才能够学会，而独轮车的直线骑行则需要十个学时。用时比较长的主要原因则在于运动的复杂程度，蛙泳和独轮车都是比较难的，在对这种项目进行教学的时候则应该安排的时间长一些。

（2）中间型的一些完整运动技能。这些运动技能不是很复杂，但是包含的一些元素比较多，和学生的日常生活有一定的关系。这种技能由于包含了多元动作和单一动作两种，所以在教学安排的时候应该根据实际情况来进行选择。单一的运动可以安排小单元或者中单元的教学，而那些多元动作结构的技能则应该根据实际情况安排大单元或者中单元的教学。

（3）会或者不会区别比较小的运动技能。这一类的技能包含动作和元素都比较少，并且也很简单，和我们的日常生活联系紧密。所以在教学的时候难度比较低，学生稍微一学习或者是不学习都能很好地把握，这一类的运动在教学中，可以安排很少的时间进行练习。

2. 教学方法和运动技能会能度分类之间的关系

（1）采取分解教学法进行教学，将运动的完整技能分成几个小的部分，一段段地进行动作教学。分解法主要包括的类型便是"简化法""部分法""分割法"。

对于那些会或者不会区别非常明显的运动技能，采取分解法教学能够把整个运动简化，根据其复杂性的特点可以通过掌握运动的部分来进行整体的掌握。由于运动技能有一定的组织性，构成部分之间有一定的联系，特别是先后顺序，并且动作的重复性比较低，这也给分解教学提供了方便。但是会和不会区别比较明显的运动本身比较复杂，但是技能自身空间组织性是有一定区别的。比如说进行篮球的跳投，其空间组织性比较高，在进行教学的时候，不能够采用分割法的办法，所以可以采用简化法的办法进行教学，在保证动作完整的基础上，降低其难度。

对于那些中间型的运动技能，也能采取分解法的办法教学，这一类运动本身具有复杂性，但是这类运动对时间和空间的要求比较低，所以可以采用分解教学的办法。

（2）完整教学法的运用。这种教学方法是指整个动作一次性教完，对于那些比较简单且组织性比较高的运动比较适用。

中间型中的分立运动自身的复杂性比较低，包含的元素比较少，还有一些中间型的运动自身对于时间和空间的要求很高不能进行分解，所以可以采取完整教学的办法进行教学。

那些会或者不会不存在区别的技能，其本身的匀速比较少，并且对空间时间的要求比较高，不能进行分解，所以可以采取完整教学的办法来开展教学。

（3）教学步骤和运动技能会能度分类之间的关系。

体育教学的时候，教学步骤应该是比较清晰的，教师在进行教学的时候，必须明确每个步骤之间的联系和关系，对于那些比较难的运动技巧，教师可以先进行分解，学生掌握了部分之后，再采用完整教学的方法，让其将每个步骤联系在一起。

研究运动技能教学对于体育学理的主要意义在于，把握教学中的规律，让学生更好地掌握好每个动作。教师也可以通过教学得出更多的经验，更好地进行教学。

第二章 体育教学的研究与探索

第一节 体育教学指导思想与制约因素

学校体育教学指导思想是对体育教学活动起方向指导作用的,并以教学目标、任务为核心的基本观点与认识。它从体育教学角度反映了一定时期社会对学校体育、体育教学培养人才的要求,在根本上与社会的政治经济发展水平、学校体育发展水平相适应,以此适应当今的社会对人才培养的新要求。按照改革开放时期党的教育方针,人们开始从多角度、多层次的系统出发,进一步确立起生物、心理、社会等多层次的学校体育观。在学校体育指导思想方面,强调学校体育要增强学生体质的同时,为终身体育打基础,为竞技运动备人才,为培养个性全面发展的社会主义现代化建设者服务。

一、体育教学指导思想

虽然高校体育理论界开展过多次有关体育教学指导思想问题的讨论,但至今尚未取得一致的认识。其中归纳起来,主要有以下几种观点:①体育教学应以增强学生体质、提高健康水平为主,因此提出"体质教育"的指导思想;②"三基"教学是体育教学的中心环节,因此提出"技能教育"的指导思想;③体育教学应以促进学生德、智、体全面发展为方针,以全面完成体育教学各项目标为主导,因而提出"全面教育"的指导思想;④当前国内外教育家都十分重视学校教育中培养和发展学生的能力,所以提出"培养能力"的指导思想;⑤随着竞技体育的发展,许多高校都成立了高水平运动队,于是有的学者强调高校要为发展学生竞技能力、提高运动技术水平多做贡献,又提出了"竞技体育"的指导思想。此外,还有"快乐体育""主动体育""终身体育"等体育教学指导思想。从现阶段体育教学改革的现状看,各种指导思想都不同程度地在起作用,各种观点都有不同的针对性、时代性和强调的重点。在当前体育教学改革的热潮中,对体育教学指导思想各抒己见、观点纷呈,各种指导思想的提出和争论,是深化体育教学改革和活跃学术气氛的表现,这对于逐步建立具有中国特色的体育教学体制也是十分有益的。

体育教学指导思想是体育教学活动的根本方向和目标，体育教学要落实以终身体育为指导思想，就必须要立足于现实，着眼于未来，对现有的体育课程进行整体改革，重视体育理论知识的传授，建立"少而精"的体育实践教材新体系，延长开设体育课程的年限，体现"以人为本"的观念，关注学生的身心健康，为学生终身健康服务。

二、体育教学指导思想的主要制约因素

体育教学指导思想的形成和发展具有历史的和逻辑的必然性，但制约这种必然性的因素是多种多样的，这些诸多因素的矛盾运动影响着它的产生和发展。正如恩格斯所说："历史从哪里开始，思想进程也应当从哪里开始。而思想进程的进一步发展不过是历史过程的抽象的、理论上前后一贯的形式的反映；这种反映有经过修正的。这时，每一个要素可以在它完全成熟具有典型形式的发展点上加以考虑。"尽管理顺这些复杂的制约比较困难，但从系统论的角度把体育教学看成一个系统加以分析和概括的话，我们可以把体育教学指导思想的诸多制约因素分为外部主要制约因素和内部主要制约因素。

（一）外部主要制约因素

体育教学指导思想作为一种理性的东西，综合反映了一种社会现象，绝不是独立地存在，它必然受某些哲学思想、教育思想和民族习惯及文化观的影响。因为思想史的研究不是单一地研究某一领域，而是站在政治、经济、历史、教育、宗教、社会这一层次上综合、全面地论述它的理论体系和学说。体育教学本身是由于社会的需要而产生的，它的思想是一种社会思潮、倾向和目的之复合的体现。这种复合体必须依托于一定社会的政治、经济、文化背景而存在，正如我们研究体育思想史时，要把某一体育思想纳入整个社会背景中去分析它的产生、发展和各种社会因素，当我们从整个社会的政治、经济、文化等背景考虑体育教学指导思想的制约因素的同时，也不能忽视社会生产力发展水平，尤其是科学技术发展水平。科学技术是第一生产力，它的发达程度往往取决于教育发展水平，而教育发展水平标志着教学论和心理学的发展水准。作为学校教育的一个重要组成部分的体育教学，当我们研究其指导思想的制约因素时，就不得不考虑这些因素。

综上所述，我们在探讨体育教学指导思想的外部制约因素时，必须从全面的、综合的、联系的观点出发，既要考虑社会背景，又要考虑社会生产力发展水平。

（二）内部主要制约因素

体育教学指导思想不仅受到外部因素的制约，还受其系统内部如体育教学的本质特征和功能、学生身心发展特点和规律、传统体育教学观念、学校体育教学发展不平衡和多样性、体育教师的政治水平和业务水平、学生的体育观念和体育态度等诸多因素的影响。

第二节 体育教学体制的目标、内容、方法和评价

一、不断发展体育教学目标

目标是想要达到的境地或标准。体育教学目标是体育教学活动的主体在具体教学活动中所要达到的结果或标准,是教和学双方都应共同遵循的,对教师来说是教授的目标,对学生来说则是学习的目标。理想的教学目标应该是教授目标与学习目标的统一体。由于体育教学目标是在具体的教学活动中所达到的结果,也就意味着,具体教学活动不同,教学目标是有差异的。可以说,体育教学目标是一个系统,由大小不等、具有递进关系的一系列教学目标组合成的。它包括教学总目标、课程教学目标、单元教学目标、课时教学目标几个层次,各个下属目标都是其上位目标的具体化。人们追求的目标,总是有特定价值的目标,有特定价值的目标又总是诱发人们的追求。总之追求价值是人们产生行为的内在动因。体育教学目标也是同样,它必须有特定的价值,使人们通过选择教学内容、方法、手段等来达到这一价值。

(一)体育教学目标的发展过程

新中国成立70多年以来,我国体育教学目标从单一追求社会需要向追求社会需要与个体需要相结合的方向发展,可以通过六次体育教学大纲的修订过程看到这一趋势。1956年我国第一套体育教学大纲明确规定体育教学的目标是"培养学生成为全面发展的社会主义的建设者和保卫者"。1960年高校体育教材规定了体育教学的目标是"增强学生体质,并通过体育向学生进行共产主义教育,使学生能更好地学习、参加生产劳动和准备保卫祖国"。1976年至80年代中期,学校体育教学大纲规定体育教学目标是"增强学生体质,使之在德育、智育、体育几个方面都得到发展,成为有社会主义觉悟的有文化的劳动者"。1992年体育教学大纲规定体育教学的目标是"全面锻炼学生身体,增进学生身心健康;掌握体育的基础知识、基本技能,提高学生的体育意识和能力,为终身体育奠定基础;培养学生良好的思想品德,陶冶学生情操"。2000年体育与健康教学大纲规定体育教学的目标是"学校体育与健康教学以育人为宗旨,与德育、智育和美育相配合,促进青少年身心的全面发展,为培养社会主义的建设者和接班人奠定良好的基础"。2002年体育教学大纲规定体育教学的目标是"使大学生掌握体育与健康的基本知识、运动技能和科学健身方法;培养运动兴趣和爱好,形成终身体育的意识、习惯和能力;培养竞争意识、合作精神、坚强的意志品质和良好的体育道德,增强控制情绪和抗挫折能力;养成积极乐观的生活态度和健康的行为方式;

培养关注和参与社会体育与健康事务的能力"。从以上所列举的目标来看，1992年以前的体育教学目标要求学生增强体质，在德智体美几方面都得到发展，目的是为社会主义培养合格的建设人才。很明显，这一目标强调了社会需要，突出了体育教学的社会价值。1992年以后，体育教学大纲对教学目标的表述发生了很大的变化，突出特点是重视了学生的身心发展，为学生终身体育奠定基础，在教学中注重陶冶学生的情操等个体的需要。尤其是2000年的体育与健康教学大纲明确指出"应以育人为宗旨"，更加明确了以学生为本的教学目标。从此，体育教学目标才实现了由单一追求社会价值向追求社会价值和个体价值相结合的方向发展。分析我国体育教学目标的发展轨迹可见，它与我国政治、经济、文化教育发展的时代要求合拍。这个全国统一规定的教学目标，以及为实现这个目标而建立的一套体育教学的基本体系，其主要特征是：教学目标的统一性，教学要求的整体性，教材内容的系统性，教学管理的纪律性。

（二）体育教学目标的发展特点

任何阶段的体育教学目标的规定、发展和变化都要与当时社会的政治、经济、文化的发展紧密相关的，都要服从、服务于社会的需要，遵循教育的发展规律；体育教学目标涵盖了智育、德育、美育和体育各个方面的内容，具有统一性，从而制定了统一的教学体系；体育教学目标是实现体育目标中的增强体质、增进健康的基本途径之一，在任何阶段增强学生体质仍是体育教学目标的首要目标。体育教学任务是体育教学目标的具体体现，体育教学目标的制定要完全符合全体大学生的身心发展规律和社会发展的实际需要。

（三）体育教学目标的发展趋势

在倡导"以人为本""健康第一""终身体育"的教育观念的同时，体育教学目标也从单纯地追求学生外在技能学习转向面向全体学生的身心协调发展，打破传统的以运动技能传授为主线的教学体系，构建以学生的个体需要、体育能力、习惯的培养、健身娱乐、体育卫生、健康知识传授为一体的新的教学体系。

第一，重视发展学生身体，增强学生体质，体育科学基础知识、体育运动和卫生保健基本知识和技能的传授；第二，在高校体育课教学中，重视学生终身体育态度意识和行为、能力的培养；第三，在高校体育课教学中，强调适应和发展学生的个性，注意培养学生对体育的爱好和享受体育学习的乐趣。

（四）体育教学目标的价值取向

所谓价值取向，是人们价值思维和价值选择的方向性。体育教学目标的价值取向也就是在制定体育教学目标时对体育的价值思维和价值选择的方向性。体育教学目标是体育教学所要达到的目的，是一切体育教学活动的出发点，又是归宿，同时也是体育教学目标的价值得以实现的可能，体育教学目标的价值取向分为社会本位和学生本位。社会本位要求教学以社会为价值主体，满足社会需要，把学生培养成社会所需要的人。学生本位要求教学应满足学生个体的需要，教学应以学生的兴趣、需要为出发点，让学生自由地、自然地发展。

二、深入改革体育教学内容

（一）体育教学内容的概念

目前我国体育教学内容的概念还没有一个统一的定义，体育教学内容的概念有如下三种：第一，体育教学内容是依据体育教学目标选择出来、根据学生发展需要和教学条件进行加工的，在体育教学环境下传授给学生体育知识原理、运动技术和比赛方法等，体育教学内容与体育教材的意思基本相同。第二，为实现体育教学目标而选用的体育卫生保健基本知识和各种运动动作。第三，体育教学内容指的是在体育教学活动中，传授给学生的体育与健康知识、技术技能、培养思想品德、发展智力、体力的总体系。体育教学内容是针对体育教学目标而选择的有利于促进学生身体健康的各种体育理论与运动活动的总称。

（二）教学内容的改革

高校传统的体育教学内容与中小学雷同，多而杂，重点不突出，无针对性。缺乏培养学生从事体育活动的兴趣、爱好、习惯以及独立进行身体锻炼的能力。体育课教学中，轻视理论知识教学的现象非常严重，体育人文、体育锻炼等有关科学知识的传授，缺乏针对性、时效性和长远性，学生对自己的体育实践往往没有深刻认识，因此难以在课后自觉锻炼。高校体育与社会体育断层，缺乏连续性和统一性，教材选择缺乏终身受益的内容，使不少大学生大学毕业后，体育活动也就终结了。因此，对体育教学内容应从以下几个方面进行改革。

1. 健身性

健身是体育的本质功能，也是体育教育追求的最根本的目标。尤其是面临着当今学生体质、体能下降的现状，更应选择健身强体的体育内容，如我们在每一次体育课都加进了素质锻炼的内容。

2. 教育性

教育性即选择的内容蕴含着丰富的教育因素，对学生的体育意识、体育行为、道德品质、人格完善能产生深刻影响的内容。比如，教师穿插在课堂中，寻找恰当的时机讲解课的理论意义和实际意义。

3. 针对性

针对不同的教育对象，采取不同的措施，不可千篇一律，多鼓励，要充分调动学生的参与意识。

4. 娱乐性

娱乐性即选择的体育内容具有趣味性、游戏性与新颖性,是对放松身心、消除疲劳、调节情绪、改善心态、丰富生活具有积极作用的项目,如攀岩、定向越野等。

三、创新体育教学方法

长期以来,我国的体育教学,一直以技术教学、技能教学、体能培养为主导思想,运动成绩为主要要求,生物体育、体能体育成为高校体育建设的目标,因而注重运动教育、技能教育、体能教育,注重教学的形式、结构、内容、方法、手段、要求、考核、评价等的统一性与标准化。在新中国成立初期和社会经济大发展初期,这种体育教学适应国家建设所赋予高校体育的目标和要求,促进了体育的发展,具有积极的意义。当前国家经济转型,世界文化交流激增,旧体育思想和观念的局限性与片面性凸显。体育教学如何与整个高等教育发展相协调,如何适应转型期体育建设的主题,如何适应人才培养的新模式,这是我们在 21 世纪从根本上改变现状,摆脱桎梏,创新高校体育发展模式的关键,也是能否在新形势下全面展示体育育人功能的关键。本着结合高校体育的实际,从教学方法入手,慎思素质教育及"健康第一"对体育教学提出的本质要求,以实践研究为基础,突破传统教学方法中不适合时代要求的内容。重新审视体育教学的教育本质,强调教师的导学与导练,让学生通过高校体育的教育具备一种自学自练的体育能力,以此来推进体育教学"课内外一体化"整体性改革进程,促进高校体育适应时代发展的要求。

(一)当前体育教学中存在的主要问题

1. 教学方法单一

当前,很多高校体育教师由于受过去传统落后的教育思想观念的影响和制约,在开展体育教学活动中,往往存在教学方法比较单一的问题。在教学活动过程中,一些高校体育教师仍然停留在以传授体育技术为主要教育目的的方法上,一般都表现为继承讲解、示范、练习等传统落后的教学方法。这样,教学效果可想而知。因此必须进一步转变教育思想观念,继承和发扬传统体育教育的长处,不断创新体育教学的方式方法,更好地为开展好体育教学服务,促进学生身心的全面健康发展。

2. 传统教学思想严重影响当前体育教学方法的革新

传统的体育教学方法是教育者有目的、有计划、有组织地对受教育者施加的各方面的影响,以期改变受教育者的心理和生理现状,使教育者达到预期教育目的的活动。这种传统的体育教学观念往往只注重强调教育者主体作用,而忽视了受教育者的主观能动性的发挥。在推行素质教育和创新教育的今天,传统教学方法已经严重阻碍当前体育教学改革的发展进度。在传统教学思想的禁锢下,学生在体育教学活动中一直处于被动、消极、受压制的地位，许多学生对体育课产生消极情绪。因此，改革体育教学方法，使学生课内与课外一样生气勃勃、积极主动。

3. 忽视学生主体作用的发挥

教学以教师、课堂、教材为中心，强调严密组织、严格纪律，重视教师"主"的作用，为了实现完整的教学进程，教师作为传授知识方面无可厚非。在真正的学习过程中，学生是主体，教学的主要目的是让学生通过教学有所获得，所有教学方法与形式的选择应该为这个目标而服务，所以在尊重教师作为掌握整个教学进程的主体作用的同时，更要尊重学习的主体，学习主体的实际需要与个体差异是教师教学的依据，只有这样，才能使教学有章可循。

（二）体育教学方法改革的目的

众所周知，在高校体育改革中教学改革是重点。改革体育教学方法，加强学生获取知识的能力和对学生创新精神的培养，是深化体育教学改革的重要内容，对提高办学效益，保证体育教学质量的提高，具有重要的现实意义。1982年8月，邓小平同志在视察北京景山学校时指出："教育要面向现代化，面向世界，面向未来。"深刻地阐明了我国社会主义教育的战略目标。当前，从整体和社会发展的观点来看，高等体育教育面临的将是信息化的社会和知识经济的社会，国力的强弱越来越取决于劳动者的素质，取决于各类人才的数量和质量，这对培养和造就我国社会主义建设急需的一代新人提出了更为迫切的要求。体育教学方法改革的目的在于适应时代发展的需要。改革的目标是培养有知识、有能力、社会认可程度高、全面发展的人才。

（三）体育教学方法改革的措施

1. 更新教育思想和教育观念

深入开展体育教学方法的改革，必须进一步更新教育思想和教育观念。高等学校体育教育必须树立全面加强素质教育，树立终身体育思想，增强质量意识等现代教育思想和教育理念，充分认识体育教学方法的改革在整个教育教学改革中的地位和作用，把以教师为中心、以课本为中心的传统教学观念转变为以学生为中心、以学习为中心的现代教学理念；把重知识传授、轻能力培养的观念转变为既传授知识，又重视能力的培养，更重视素质教育的观念。在提高认识、转变观念的基础上，把体育教学方法的改革不断引向深入。

2. 实现新型教学模式的创新

创建以学生为主体的新颖教学方法是当前高校教学改革的主要目标之一，是改变传统的教学模式，建构一种既能发挥教师的主导作用又能充分体现学生认知主体作用的新型教学模式。在这种新的教学模式下，教师是教学活动的指导者和组织者；学生是知识的主动发现者和探究者；教学过程以学生的意义构建为核心，通过建立教学情境，师生之间、学生之间的讨论、协作，与理论紧密结合的实践，使学生达到发现知识、理解知识，并通过意义构建形成自己的知识结构。新型体育教学模式就是在先进的体育教学思想和教学理论指导下建立起来的适应各种类型教学活动的基本结构和框架。这些新的教学模式的出现，有的取向于各种模式的综合运用，有的取向于师生关系的建立，有的取向于教学内容，有的取向于技能学习与学生心理发展。实现学生从被动学习到主动学习，从生理改造到终身体育意识的培养，从能够学习到学习水平的提高，这些都是新的教学模式下教学方法的创新成果。

3. 改革体育教学的内容

体育教学内容是指为实现体育教学目标而选用的体育卫生保健基本知识和各种运动动作，它是实现体育教学目标的根本保证。方法是内容的运动形式，体育教学方法依体育教学内容而存在，它的选择和运用受体育教学内容的制约。首先，体育教学内容的形态制约着体育教学方法的选择。其次，体育教学内容的复杂程度制约着体育教学方法的选择。一定的教学条件下，体育教学内容过多，会造成体育教学方法的单一性，而将教学内容减少或压缩一些，就会促进体育教学方法选择的多样化。所以在体育教学过程中，教师只有独立地对体育教学内容进行重新加工，真正掌握其特点，并把它们转化为自己的知识体系，才能够在体育教学方法上获得选择与创新的自主权。

4. 重课堂，优化教、学、练

体育教学方法的优化，不仅在于体育教师"教"的优化，更应包括学生"学""练"的优化。教学家陶行知先生认为"好的先生不是教书，不是教学生，乃是教学生学"，"教"应该着眼于学生的学和练，优化教育教学过程应该突出学练法的研究。所谓体育教法是教师依据体育教学目标，根据体育教学内容，向学生发送信息，传授体育知识、技术、技能的方式方法；而学法就是学习体育的基本规律、基本方法。因此，优化教育教学方法应该从两个层面入手：第一，要通过教学方法的优化使学生"要学"；第二，要通过体育教学方法的优化使学生"会学"。体育教学过程中教师既要注意学习认识规律、身心发展规律、运用技能形成规律的渗透，还要及时对学练方法加以优化，努力改进教学，以适应学生掌握和运用学练法。一切教法都要力求使学生会看、会做、会说、会练等。当教师的教学方法着眼于学生的学与练，引导学生达到先是"要学"，继而"会学"的境界时，"外因通过内因起作用"，学生产生了兴趣，掌握了练法，体育教学的实施才能够产生预期的效果。

5. 积极培养学生的创新意识

积极培养学生的创新意识，是创新体育教学方法的重要策略之一。首先，要创新思想认识。坚持发展娱乐体育与健身体育的有机结合，这是转变高校体育教育思想观念的具体体现，更是当前体育教学的根本任务。其次，要创新教学内容。教师应当结合实际选择一些符合学生身心健康发展的、深受学生喜爱的体育项目内容来开展具体教学活动。这样，就可以切实改变体育教学内容枯燥乏味的不足。最后，要创新教学方法。教师可以结合学生的需要，采用启发教学方式以达到引导学生自己动脑、动手思考和解决问题，进而不断激发和调动学生的积极主动性。可以运用发现式教学的方法，不断培养学生发现问题、思考问题、分析问题的能力。也可以运用学导教学方法，促使学生积极自主地进行学习，从而培养锻炼学生的自觉性、主动性，不断养成学生自我锻炼、终身锻炼的行为与习惯。

6. 把握体育教学方法的整体性

体育教学方法的优化，不能局限于就教学方法来研究教学方法，而应用系统考虑构成体育教学方法体系中的各种因素以及它们之间的内在联系。首先，要把体育教学方法作为整个体育教学系统中一个重要因素，在体育教学过程诸要素之间考查其作用与效果。事实上，体育教学方法总是和具体的教学内容相联系并与一定组织形式相结合的。其次，要把具体的方法作为一个要素来进行研究，力求各要素的最佳组合。实现体育教学过程最优化，并不是将传统的体育教学方法摒弃，而是在提高质量的同时，使它们在具体的教学情境中实现最佳的组合。体育教学的特点决定了体育教学方法的多样性，它们各自的优劣只是一个相对的概念，所谓"好的教学方法"，实为"最适当的教学方法"，是相对具体的目标而言的。如用"手把手"的方式教学来使学生体会某些技术要领，获得"运动感受性试验"是行之有效的，但并不适用于所有技术。现代化的直观教具如电影、电视、幻灯等的运用大大丰富了直观教学手段，但也在一定程度上影响了学生抽象思维的发展。可见多种教学方法都有其优越性和局限性。要根据各种教学方法的相互联系和辩证关系取长补短，相辅相成，发挥体育教学方法本身的整体综合效应。现代信息技术在体育教学中的应用，不仅为教师提供了新的教学方法，同时也为教师和学生营造了很好的交流平台。让教学更自然地延伸和发挥其应有的效果。根据具体情况认真研究课程建设、改革教学方法，从而营造一个现代化的教学环境是现代教育改革的必然要求。

四、完善体育教学评价体系

体育教学评价具有对体育教学活动及其效果进行判断，通过信息反馈调控教学过程，保证教学活动朝向和达到预定目标的功能。目前，高校体育课程的改革已成为高校体育教师论及的热点问题。其中，注重让学生体验运动乐趣和发展学生主动性的体育教学模式，正在被许多高校所推广。但是，由于教学评价在我国起步较晚，不论是理论研究还是实践操作，都还处在一个不断发展的时期，作为教育评价的一个分支，体育教学评价工作开始更晚，许多方面还处在探索之中。由于与新的体育教学模式相配套的体育教学评价体系还没有及时地推出，仍采用旧的体育教学评价体系评价新的体育教学模式，因此，推出新的体育教学评价体系是当前急需解决的问题。

（一）传统体育教学评价分析

传统的体育教学评价方法，采用运动项目测试的成绩给学生评分，这种方法是描述学生的个体水平及其在群体中所处的位置，对学生排名次，不能客观地反映学生学习的前后变化，作为体育教学效果评价是不够合理的。用什么样的评价方法来描述学生个体在学习过程中的变化程度，从而更合理地为学生评分，作者认为这是研究体育教学评价的目的。

1. 体育教学目标认识的误区影响着体育教学评价的方向

体育教学目标影响着体育教学评价方向。关于体育教学目标的确立，一直存在着不同的观点：在学校体育目标与体育教学目标的异同上，在体育教学中增强体质与提高健康水平的互相联系上，在提高运动技能水平与掌握锻炼身体的方法上，在提高运动技术技能与掌握手段的互相关系上，在对终身体育意识和体育能力的认识上，甚至在教师主导作用上都存在一些误区。由于体育教学目标的内涵不明确，层次模糊，导致了课堂教学任务的确定、教学内容的选择、教学方法的应用都受影响。这种体育教学目标认识的不一致，必然会在教学评价体系的具体指标中反映出来，并对体育教学的方向产生影响。

2. 注重评价指标定量化导致评价结果的片面

注重量化，强调可操作性、可比性，是体育教学评价的一种倾向。人们认为量化的东西比较客观，便于操作，其结果的可比性也很强。因此，热衷于进行定量分析，忽略了对评价目的和评价理论的深入研究和认真分析，这种片面性主要表现在评价指标体系总是以能直接量化的因素为主体，如学生的技评与达标成绩，学生的达标比例，上课时学生的密度、强度、运动量曲线等，然后将不易量化的教学行为采取分级量化的形式，对优秀、良好、及格、达标、不达标等级给予相应的分数。而那些在体育教学中很有意义，但很难量化的因素却被忽略了，如学生正确的体育态度的形成、情感意识的发展、终身体育意识的树立、体育能力的自我超越等，都是体育教学目标的重要因素，应该作为体育教学评价的重要内容，大多在评价体系中没有体现。显然，这样的指标评价体系是不完整的，评价结果是片面的。

3. 结果的功利性影响评价结论的客观性

运用客观标准对体育教学进行检查，并通过认真分析和评判，得出结论，然后进行信息反馈，以进一步改善教学，这是体育教学的出发点和落脚点。教师自己主动评价时，这种指导思想容易得到体现，一旦评价的结果同教师评优、晋职等联系起来时，就蒙上功利性色彩，得出的评价结论往往就会变得复杂起来，评价者可能就会考虑各种与评价无关的因素，从而只肯定成绩，对改进教学的意见却闪烁其词，避而不谈，使评价结论失去了公正性，不能客观地反映评价的真实情况，体育教学评价就失去了它应有的价值。

（二）高校新的体育教学评价与传统体育教学评价的区别

1. 评价的指标所体现的作用不同

传统体育教学评价的作用在于学生对总量掌握了多少；而新体育教学评价除了具有传统体育教学评价的功能外，还包含学生完成目标的情况。

2. 评价对象的影响范围不同

传统体育教学评价对部分学生的影响是消极的，有的学生"不努力都行"，而有的学生"怎么努力都不行"。而新体育教学评价要求所有学生都要确立目标，影响范围广，是积极的"只要努力就行"。

3. 由终结评价向过程评价转化

传统体育教学评价定位于教学内容结束时的最后评分，而新体育教学评价考虑的是起始目标到终极目标的变化程度，是过程目标和终极目标的结合。

（1）评价从重结果向重过程转化。目标评价的目的是通过评价教学过程，从而达到督促和鼓励学生学习，修正和改进教师教学方案的作用，发挥反馈功能。

（2）评价内容从单一向多元转化。影响体育教学评价的因素是多方面的，它是对学生学习效果的多因素评价。

（3）评价方法是从定量到定量与定性相结合的转化。体育教学评价包含着学生的情感态度等非智力和非体力因素的结合，把定性分析纳入评价的内容，量化指标的重要性相对降低。

（三）新的体育教学模式与传统体育教学评价间存在的问题以及解决的办法

1. 主要问题

新的体育教学模式与传统体育教学评价标准之间存在的主要问题，将会导致学生所学的项目与所考的项目不一致，致使学生不重视学习过程，从而挫伤了学生的学习积极性和主动性。

2. 解决方法

（1）给学生一个较大的选择空间。不论学生在每学期当中选择什么专项，除了进行专项内容的考试外，还应对几个规定的项目进行考试，进而他们就会自觉地去练习要考试的项目。这样可促使学生养成自觉锻炼的好习惯，从而为学生从事终身体育锻炼打下良好的基础。

（2）给体育教师一个较大的评价空间。每个学生在体育基础、体质状况等方面都存在差异，体育教师在上课时要摸清每个学生的情况，对学生的评价因人而异，根据他们上课的态度、进步情况、成绩差异等进行综合评价。从另一个角度来说，体育教师得到了一个宽松的上课环境，可以对那些少数认为自己体育成绩可以轻松过关而又不好好上课的学生，给予适当的减分；而对那些体育基础虽然较差，但认真上课的学生，给予适当加分，这样对学生的评价就比较合理和公平。

（3）给学生自我客观评价的机会。我国现行的评价标准都是由教师完成的，体育学科应该尝试学生自我评价的形式，让学生自己做一个较全面的回顾，然后对自己的体育学习进行小结，这样对学生今后的体育学习态度和学习热情十分有利。当然，学生自我评价前，教师首先要给学生强调自我评价的客观性，如果发现学生自我评价有较大的水分时，体育教师也要参与其中，帮助学生端正态度，给自己一个客观的体育自我评价。

（4）引导学生互评。教师对学生的了解，不如学生之间的了解。采用学生互评方式，可使评价的真实性更高；同时，学生互评能够避免学生自我评价的较大水分。因此，将学生互评与学生自我评价、教师评价结合起来，对学生的学习评价将更客观、更全面、更立体。

（5）引入相对评价。教育部2002年颁布的《全国普通高等学校体育课程教学指导纲要》规定，要把"学生的进步幅度纳入评价内容"。例如，学生在此学期开学时的体育成绩较差，经过一段时间的努力后，成绩有了很大的进步，但仍未达到现行的体育评价标准中的合格标准，这时体育教师就可以根据相对评价的原则对这部分学生进行正确的评价。

（6）将评价的标准区间值增大。我国现行的体育教学评价标准把分值划分得很细，这样容易使学生只注重体育评价的结果，而不注重体育锻炼的过程，使学生产生急功近利的思想。在国外一些著名高校的教育体系中，所有的学科成绩评价均采用A、B、C、D、E 5个档次。可以将这种方法借鉴到我国的体育教学评价中来，把国外的这个标准换算成我国的百分制，20分一个等级，制定评价标准时可以实行这样的分级制度，把学生引导到注重体育锻炼的过程中来。

第三节　体育教学现状的分析和创新设想

一、体育教学现状的分析

（一）忽视体育科学传授

当前高校的体育理论教材不仅比重偏小，而且内容粗糙，缺乏实效性、针对性和长远性，实用价值不高，未形成一个适应现代发展的大学生体育理论知识体系及相应的教育检查和评定措施。学生对自己的体育技术技能知其然而不知其所以然，不清楚自己是否需要这些练习，故而难以在课后进行自觉的锻炼。

（二）体育教学目标狭窄

高校体育与社会体育断层，缺乏连续性和统一性。两者之间尚未开辟出教育通道，过分注重学生的现实锻炼，盲目追求体育教育的近期达标效益，片面地将增强学生体质的教育目标归结为增强在校期间学生的体质，缺乏培养学生从事体育活动的兴趣爱好、终身参加体育锻炼的习惯和独立进行身体锻炼的能力。

（三）教材杂乱而不精

教材的选择过多地从运动技术角度考虑，过多地强调传授以运动技能为中心的教学，偏重运动外在表现形式，大多活动项目缺乏终身受益内容，远远不能适应大学生成年后的运动要求。由于缺乏一定的终生健身运动项目，不少大学生从学校毕业后体育生活会也随即停止。一个大学生接受了十几年的体育教育，在他走上工作岗位后，竟与体育分别，这与体育教学忽视培养学生健身意识、能力和习惯有直接关系。

上述情况说明，在体育教学中盲目地把运动技术传授抬到至高无上的地位，从而忽视学生身心发展的特点和个体差异，把许多难度高、技术复杂的竞技运动项目原封不动地搬到体育教学中来，并统一教学要求与考核标准，而采用的教学方法与教学步骤又是专业院校专项教学方法的浓缩，致使学生望而生畏，难以掌握技术，从而产生厌学的情绪。

二、创新体育教学现状的设想

（一）树立全新教学观念

明确体育教学在当前形势下的重要职责，坚定地树立起崭新的体育教学观念。

（1）体育教学是培养21世纪人才必不可少的教育环节，高校育人的目标不但是向学生传授科学文化知识，更需要注重的是学生德、智、体综合素质的培养。

（2）着眼于未来新时代的新要求，以终身体育锻炼取代传统的课堂体育教学观念，着重培养学生的终身健身理念。

（二）加强基础理论知识学习

高校学生应不断提高认识与学识修养，应具备不断发展的能力以适应新变化的出现，应具有从缺憾向完美阶段前进的潜能。因此，在设置体育课程的具体内容时，应增加运动原理、强健体质以及人体、物理力学等理论知识，并且要具有突出性、实效性、指导性、针对性与时代性，使学生能够在体育教学中终身受益。

（三）加强硬件设置建设与师资力量投入

体育场馆、运动器械与师资队伍的质量是培养高素质学生的必备条件，改善场馆设施是提高高校体育工作水平的当务之急。制约高校人才培养和高校体育改革的又一重要因素是学校师资队伍的质量，由于当前知识更新速度快，交叉学科和边缘学科发展迅速，所以只有适应高速发展的高素质教师才能够培养出高素质的学生。因此，应该加强教师之间的学术交流活动，定期派遣教师到先进学校进行学习，以提高教师教学的水平与能力，并鼓励体育教师积极参与到相关的科研活动。

（四）将"终身化"作为体育教学的宗旨

社会的发展需要终身化体育，同时也是人们工作、生活的基础性需要。从体育教学的实际情况以及全民身体素质的实际情况出发，增加体育课时，延长体育教学年限势在必行。在大学体育教育阶段进行全程体育课程教学，并贯穿于四年大学教育的全过程当中，以提高学生主动健身的意识，使学生认识到终身健身锻炼的重要性，从而保证学生在毕业后依然能够熟练运用两种以上的锻炼方法和手段，真正实现体育锻炼终身化。

第四节 体育教学环境的设计与实施

一、体育教学环境的构成因素

（一）体育教学环境的物质环境

高校体育物质环境是指体育场馆、体育器材等。良好的物质环境是保证体育教学和体育活动开展的重要物质条件；是实现体育教学目标，提高学生健康水平的重要物质支持。高校漂亮、宏伟、造型各异的体育场馆，是激发学生体育兴趣，保持参与锻炼的动力之一。

（二）体育教学环境的制度环境

高校体育制度作为约束和强化实践活动的组织内容，是保证学生锻炼时间、提升体育开展约束力的重要内容。当前高校的体育制度主要指学校体育工作条例等，各个学校制定适合学校体育活动开展的制度，也是保证体育教学开展的重要依据。灵活、严谨的制度环境是提升高校体育环境建设质量的重要保证之一。

（三）体育教学环境的舆论环境

良好的体育舆论导向能够有效地发挥体育先进人物、先进事迹的激励作用，能够提高大学生从事体育锻炼的积极性。在更高的层次上，提高大学生对体育的认识、体育习惯的养成、参与体育锻炼的动力等。体育舆论环境是实现大学生从被动接受体育转变成主动参与锻炼的条件。

（四）体育教学环境的心理环境

体育教学的心理环境是体育教学中无形的、动态的软环境部分，主要包括班风与校风、学校体育的传统与风气、体育课堂常规、体育教学中的人际关系等。体育教学中的人际关系主要是指体育教师与学生的关系和学生与学生的关系。

二、体育教学环境的设计

体育教学环境对体育教学活动至关重要，体育教学环境在体育教学活动中处于至关重要的地位。良性的体育教学环境对体育教学活动起着积极的作用，这种积极的作用于体育教学目标的达成、教学内容的丰富、教学原则的落实和教学评价的完善。

（一）体育教学环境的现状

体育教学环境的现状并不理想。一方面是领导不重视，另一方面来自部分高校自身物质环境的劣势。许多学校没有体育馆、游泳馆，部分学校体育设施不健全，还有部分学校没有良好的体育传统，学校不重视体育场地的建设和维护。另外，很多高校师生和学生之间的人际关系紧张，有一半以上的学生觉得本校体育场地的布局不合理。在有体育馆的学校，对体育馆的建设和维护上也存在多方面的弊端。总之，目前高校的体育教学环境远远达不到学生和社会的要求和期望，体育教学环境急需设计和优化。

（二）体育教学环境设计的原则

1. 教育性原则

高校是一个特殊的环境体，高校的作用在于净化身心，启迪智慧。因此，对体育教学环境的设计和优化要注意教育性原则，要有利于激发学生的体育思维，有利于提高学生的体育动机，有利于陶冶学生的体育情操。

2. 科学性原则

将体育教学环境的设计与优化从体育教学目标、体育教学内容的实际和特点出发，尽可能地满足体育教学活动中的各种需要；体育教学环境的设计与优化要符合学校美学、生态美学、建筑美学等基本要求。

3. 系统性原则

高校体育环境的构建是促进教育优质化实施的措施之一，是高校体育部门的任务，也是高校多个部门相互支持的结果。从系统观的角度出发构建体育环境：第一，要提升环境的系统意识，以发展高等教育为目标，做好高校体育环境建设的资源开发和共享。第二，提升高校体育制度的有效性和适用性。第三，加强高校体育舆论宣传，促进学生参与体育锻炼的积极性，更好地带动高校体育环境氛围的建设。

4. 区别对待原则

体育教学环境的设计与优化要考虑到不同年龄、不同性别、不同身体素质的学生身心发展的基本规律，要照顾大多数学生的需要。另外，要特别关注部分特殊群体的需求和个性发展需要。

5. 人文性原则

所谓人文性原则是指体育教学环境的设计与优化要始终以学生为本。各种体育教学物质环境的设置不仅要体现对学生的人文关怀，考虑到学生的生命安全、卫生等，而且要营造出和谐的、充满人性的、民主平等的氛围。

6. 实用性原则

所谓实用性是指体育教学环境的设计与优化，要根据各个高校的实际情况和实际经济条件，符合经济、高效、实用的宗旨。注重体育教学物质环境的因地制宜以及体育教学心理环境的独具特色，形成各个高校的特色。

三、体育教学环境的实施要素

（一）以学生发展为主，提升环境对兴趣的激发效果

要充分利用高校体育课程的开展，提升高校体育环境的使用和改进空间，充分保证体育环境的建设进程。通过认真组织和实施体育课，保证学生掌握体育技能的有效性，不断提升学生的体育意识和体育观念。充分借助高校的文化优势，加强对新兴运动项目、新生体育明星的宣传，从而更好地激发大学生参与运动的激情，保证体育环境创新特点的延续。此外，要不断增强体育学习内容的新颖性和适用性，在促进学生体育技能、体育意识发展方面，构建体育教学的环境氛围。

（二）加强高校体育制度环境的创设，提升体育教学的规范化

在高校体育环境创建的过程中，要在遵守学校体育工作条例的基础上，制定适合高校体育环境形成的考核方式，加强对大学生运动会、课外社团、竞技比赛等管理制度的制定，从场地场馆使用制度，到运动员选拔制度，都按照一个良性的运作过程，来提升制度环境创建的有效性。

（三）创建适合高校学生身心发展的体育环境

高校学生在接受体育教育的过程中，身体素质得到了一定的发展，如果对于一些所谓的"优秀课程"不假思索地照搬，结果就是很有可能造成学生对体育课的敷衍了事。因此，只有选择合适的体育教学内容，才能够使学生真正爱上体育课。

（四）充分利用高校的体育教学物质环境

充分利用学校已有的各种有利的环境条件，创设具有特色的学校体育教学环境。在体育教学环境的设计与优化中，各个高校要充分挖掘、精心设计、开创和突出各个高校的体育教学特色，合理地变通，将不利的体育教学环境转化为有利的体育教学环境。

（五）加强体育课堂教学管理，营造宽松、和谐、民主的体育课堂氛围

从基本的规范强化课堂的教学管理，同时发挥骨干的作用，帮助学生进行自我管理，提高学生在体育教学活动中的自我约束能力。培养学生主动参与体育学习的态度和习惯，让学生主动参与到体育教学活动中，注重课堂教学活动中的人际情感交流，形成教师与学生互相激励、互相鼓舞的良好情感氛围。

第五节 体育教学模式发展趋势研究

学校体育是国民体育的战略重点，这是我国体育理论界早已达成的共识。高校体育是学校体育的最后一环，与社会体育紧密相连，其教育效果与整体发展水平对我国正在实施的全民健身计划起着举足轻重的作用，因而应该站在历史的高度，以战略的眼光来认识高校体育教育改革的重要性和迫切性。教育改革应以教学改革为核心，而教学改革的核心则是课程设置和教学内容的选择。笔者在本节中把高校体育的目的任务定位于健康教育与终身体育意识的培养和发展上，并以此为基点，力图构建一个理论依据充分、实效性和可操作性较强的体育教学课程模式，并对这一课程模式的整体运行机制做初步的探讨。

教学模式是按照一定原理设计的一种具有相应结构和功能的教学活动组合或策略，它既是教育系统和教学过程的具体化和实践化，又是教学形式和教学方法的综合载体。

一、构建体育教学新模式的对策分析

（一）构建普通体育教学新模式的分析

构建一个完整的体育教学模式包括教学思想、教学目标、教学结构和教学方法等诸多方面，因此改革体育教学模式，实质上就是对体育教学过程的重新整合，其结构是否合理主要看教学的组织形式和方法是否适应学生的发展需要，是否最大限度地实现教学目标。目前普通体育教学模式存在着一方面众多体育教学思想一齐涌入体育课堂；另一方面高校体育为体现有别于传统的教学思想，在教学中尽可能多地接纳，造成体育教学主题分散、华而不实、负担过重。目前高校广为采用的是以班为群体形式，虽然整齐划一，秩序井然，便于教学管理，却不易于对大学生的个体差异、兴趣爱好、

掌握技术的能力等进行卓有成效的教育与培养，这显然不利于教学目标的实现，等等。

（二）构建体育教学新模式的对策

（1）明确体育教学应遵循和坚持的指导思想。

（2）依据指导思想，改革体育教学内容与教材。

（3）改革体育教学班的组成方式，让学生在不同的学段选择参加不同项目组合的教学班。

（4）改进教学方法，当前应着重研究如何根据多样化的课程内容和针对不同的教学对象采用有效的教学方式。

二、适应素质教育要求，构建新的体育教学模式

从以上几种模式中可以看出，教学模式越来越重视发展能力，重视学生的主导地位，各种教学模式互相借鉴，共同发展。要充分发挥教学模式的作用，优化教学结构，必须树立正确的体育教学观念。

（一）树立全面育人的体育教学观念

体育教学应当从培养跨世纪的德、智、体全面发展的高素质人才出发，给予大学生全方位的教育，即体育教育、健康教育、竞技教育、生活教育和娱乐教育等。

（二）树立主动体育的体育教学观念

在体育教学中，既要充分发挥教师的主导作用，又要注意发挥学生的主体作用，努力调动学生学习体育和锻炼身体的主动性和积极性，激发学生对体育的兴趣，让学生主动地、自觉地体验体育学习的乐趣，从而促进学生的身心的健康发展，培养学生终身从事体育锻炼的习惯。

（三）树立三维综合评价的体育教学观念

在评价体育教学效果时，不能仅仅以提高生理机能为标准，追求生物学改造的效果，而应该从生物、心理和社会三维的角度来综合评价体育教学的效果。三维体育的教学观，反映了体育教学是一个多功能、多目标的动态系统，它通过大量的体育教学实践以此来取得效果。

三、新的体育教学模式的设计

（一）第一学年：基础课

以全面锻炼和提高身体素质为主，通过体育基本知识的传授和基本技能的培养来实现高校体育的目标。可根据具体的场地器材等条件，充分发挥教师的主导作用和能

动作用，使学生身体素质和身体技能得到全面发展，为参加第二学年的选项打下基础。考核时，以全面的素质指标和技能指标为主。

（二）第二学年：选项课

根据学校场地、器材和师资等情况，按项目开设若干个选修班，由学生根据自己的特长和兴趣，来选择项目和教师。在具体的实施过程中，每个项目根据学生掌握技术的情况可分为初、中、高级班，既可满足学生初选，又可满足再选。体育特长生可根据项目编入高级班。考核时，以技能指标为主，结合一定比例的素质指标。

（三）第三、四学年：俱乐部协会制

俱乐部教学模式使高校体育与社会体育接轨，它在树立学生终身体育思想和培养终身体育习惯方面的作用是其他教学模式难以替代的。可集中开设一些项目，以学生自我锻炼为主，开展有偿性教学。这不仅有利于增强大学生的体育意识，培养其经常锻炼身体的习惯，也有利于把大学生的体育教学过程延伸到高等教育的全过程，保持体育教学与课外活动的统一性和连贯性。

四、新的体育教学模式构建的依据

（一）新时期对传统体育教学模式变革的需要

新的《全国普通高等学校体育课程教学指导纲要》要求"把健康第一的指导思想作为确定教学内容的基本出发点，同时重视教学内容的体育文化含量"。面对新时期社会、经济、文化的快速发展，学生在学校所学的知识很可能在离校不久后便过时了。因此，体育教学应该使学生了解终身学习的重要性，培养学生终身学习的习惯和技能，使其走向社会后，能够成为终身学习的实践者。

（二）新时期对体育教学改革的要求

体育教学改革必须做到：体育的终身化、体育的民主化、体育的多样化和体育的个性化。体育的终身化就是打破学校体育的原有空间和时间的限制，把体育扩展到社会和人生的每个阶段。体育的民主化就是打破不平等、不民主，改变以教师为中心，学生被动服从的教学关系。体育的多样化就是在体育教学中采取多种教学方法，提倡师生之间、生生之间的多边互动活动，努力提高学生参与的积极性，最大限度地发挥学生的创造性。体育的个性化就是在体育教学中每个学生所显示的各种不同的运动本能、素质、价值取向、集体荣誉等。

（三）新时期为高校体育改革提供了条件

高校体育自改革开放以来取得了令人瞩目的成就，集中体现为四大优势：一是人才优势；二是信息优势；三是物资优势；四是地位优势。这四大优势说明，体育教学

模式的改革具有坚实的基础。

（四）高校学生对体育教学模式的选择需要

曾过对湖北经济学院、武汉大学、华中科技大学、武汉工程大学、湖北大学等院校 750 名高校学生就"你喜欢的体育教学模式"进行问卷调查，结果选择以全面发展身体素质为主的"基础课"37 人，占 4.9%；选择与社会接轨的"俱乐部"协会制的 156 人，占 20.8%；选择以兴趣爱好为主、能够自由选择教师的"选项课"185 人，占 24.7%；选择一年级"基础课"，二年级"选项课"，三、四年级"俱乐部"协会制的 372 人，占 49.6%。调查结果表明，第一学年"基础课"，第二学年"选项课"，第三、四学年"俱乐部"协会制是最受高校学生喜爱的教学模式。

五、体育教学模式的发展趋势研究

体育教学模式是体育教学活动赖以开展的必要条件，但体育教学模式并不是一成不变的，必须明确是由内容决定形式，而绝不是由形式决定内容。

（一）体育教学模式的开放化

目前，全国各大高校体育课教学模式不尽相同，各校根据校情的不同会采用不同的适合自己的体育课教学模式，大的改革方向还是一致的，都是朝着开放式的、更加符合当代大学生心理和生理特点发展的方向进行的。开放式体育教学模式是今后一个发展趋势，特别是随着社会的发展和进步，电子产业和信息技术的迅猛发展并直接介入体育教学活动，使输送信息的手段灵活和开放。

未来的高校体育将采用多种途径、多种方法、多种形式来满足学生的不同体育要求，向社会开放，向国际开放，体育课堂也将扩展到社会，扩展到大自然。

（二）体育教学模式的多元化

随着学校教学由"应试教育"向素质教育的转轨，高校体育应从学校的"阶段体育"向"终身体育"转变，从片面的生物学评价或运动技术评价向综合性评价转变。体育价值观从单一的健身向健身、健心、娱乐等多元价值观改变，单一的体育教学模式无法满足多元的体育教学目标的需要，因此要从单一的教学模式向复合式的、具有现代性和科学性的教学模式转变，并且多种教学模式相互渗透、互相依存将是未来体育教学的一个发展趋势。

第六节 体育教学改革的研究

随着我国改革开放的脚步，高校体育课程教学走过了30多年的风雨历程。站在科学发展观的视角，回顾改革的历史，探讨改革的得失，分析目前的状况，寻求发展的策略其中，无论是对高校体育课程理论体系的建设，还是对推进教学改革实践的深化，都具有积极的意义。

一、体育教学中普遍存在的问题

（一）教学目标理论与实践不完全一致

现行的高校体育课程教学目标涵盖了"运动参与、运动技能、身体健康、心理健康、社会适应"五个领域的内容。从理论上看，它充分关注了学生的健康成长和人的全面发展，体现了"以人为本"的时代理念。但在实际操作中，由于教学内容、教学组织形式、学生个体水平不同，要通过有限的教学时间（144学时）完成五个领域的教学的任务是极其困难的。加之近年来我国高等教育规模的急剧扩张，给大多数学校带来的教师资源不足、体育场地设施短缺等问题，要全面达成教学目标事实上几乎不可能。

（二）教学效果测量与评价不科学

教学效果测量方法与评价标准的改革步履维艰，至今仍未走出"生物体育"的怪圈。测量与评价课堂教学效果的通行方法是监控学生的心率变化，无论什么类型的体育课，也不管课的教学内容、教学任务是什么，无一例外的是通过"摸脉"获取学生心率的变化情况，由此来推断其生理负荷，进而评价教学效果。至于教学目标中运动参与态度、知识技能掌握、心理品质培养等方面的指标，或是因为课时计划（教案）中原本就没有设计具体的达成路径与措施，或是因为根本就没有切实可行的办法进行操作而不得不将其束之高阁。

（三）教学改革重心偏移

长期以来，国家、省（部、委）重点资助的高校体育课程改革研究项目主要集中在"985""211"大学，教学改革的试验区也局限在位于中心城市且办学条件好、生源质量高的重点大学。真正能够代表我国高校主体的地方院校（占高校总数80%以上），始终被搁置在边缘地带。教学改革实践中，站在教师"如何教"的角度，进行"教法"改革的项目与成果俯拾即是，而站在体育课程学习主体——学生的角度，研究"如何学"的问题，进行"学法"改革项目与成果寥若晨星，改革的重心严重偏失。

（四）课改试验事倍功半

课程改革试验是对未知领域的探索，是走前人没有走过的道路，局部乃至整体的失败都是在所难免的，即使是失败了，至少也可以为后来者提供借鉴，从这个意义上来讲失败是成功之母。但对传统教学理论近乎是颠覆性的"新课改"试验，自2001年开始在全国38个国家级试验区试行，至今未见到任何实验区的任何实验失败的报道，体育教学改革亦是如此。事实上，"新课标""新纲要"的教学理论还远未成熟，在用以指导体育课教学实践时经常会遇到捉襟见肘的尴尬。这些"尴尬"长期被好大喜功的心态屏蔽，致使课改试验事倍功半。

（五）理论研究缺少争鸣

在体育课程改革研究中，对上级主管部门的指示和意见，非高声赞颂即积极响应，罕见应有的学术质疑。对专家、学者提出的某种新观点或学说，紧随其后的通常是对它的注释和佐证，没有不同观点的争鸣与批判。这种近乎"跟着疯子扬土"式的学术风气，使得改革实践中涌现出来的一些极具发展前景的学术观点和实操范例，在无所节制的滥用和沸沸扬扬的炒作中早期夭折。长期以来，缺乏争鸣与批判，已成为体育教学改革与研究领域久治不越的"顽症"，严重地阻滞了学术发展，是我国至今未能够形成具有本土特色的、完整的体育教学理论体系的根本原因。

（六）教师管理导向错位

现行的高等学校教师工作绩效评价与职称晋升制度中，学术论文的数量是衡量教师业务水平、决定其职称升迁的硬性指标。没有在学术期刊尤其是核心期刊上发表一定数量的论文，就无法在教师队伍中立足，至少是无法迈进精英队伍——高级职称的行列。面对关乎自身生存发展的选择，体育教师不得不放弃深入探求体育教学规律、不断提高教学水平的价值追求，而将大量的精力用于揣摩学术刊物的"口味"，研究与本职工作毫无实际关系的"纯理论"问题。撰写论文成了教师的第一要务，发表论文成为从事研究工作的唯一目的，致使大量教学改革的实际工作处于被动应付的境地。

二、体育教学改革的具体措施

根据教育部《大学体育教学基本要求》的精神，结合我国体育教学的现状，并借鉴成功的国际体育教学经验，我国体育教学改革应从教学大纲、教学模式、课程设置、教学评估以及师资队伍建设等五个方面入手。

（一）制定有本校特色的教学大纲

各高校应根据本校学生的特点，结合本校的办学特色和人才培养方向，参照全国统一的教学大纲的要求，制订本校的科学化、系统化、个性化的体育教学大纲及具体实施方案和细则，指导本校的体育教学工作。

（二）转变教学思想，改革教学模式

当前大学体育教学应由传统的"以教师为中心"向"以学生为中心"转变，强调师生互动，发挥学生的主体作用和教师的主导作用，充分调动学生的学习积极性，使学生实现由要我学到我要学，进而达到我会学的根本性转变。在新的教学模式下，教师的角色理应发生革命性的转变，教师应由过去单纯的体育技术的传授者转变为教学内容的设计者、教学活动的组织者、教学过程的监控者、教学结果的检验者以及学生能力的培养者。改革教学模式时，应实施分层与分流教学、普修与专修教学相结合，课堂教学与课外体育锻炼相结合，大班上理论课与小班上技术课相结合，课堂教学与开放式自主教学相结合，传统教学与多媒体辅助教学相结合等多种方式。学生可在同年级、多种教材范围内自由选择上课。在考试方面，将通过学校进一步建立体育理论与实践试题库，以抽签形式确定考试内容，并对结果给予一定的评价。在完成体育教学任务的同时，增加体育选修课程，为培养学生的终身体育意识打下坚实的基础。

（三）改革高校体育课程设置

从我国体育教学的实践不难发现，一方面，体育课的教学内容和学时不能满足学生的兴趣和锻炼身体的需要，学生总是围绕达标、考试而进行学习锻炼，这在一定程度上抑制了学生的个性发展；另一方面，体育教学仍沿用传统的"运动训练法"和"普通教学法"，即通过教师的讲解示范、学生的模仿练习，以达到应付达标和考试的目的。课程结构、教学内容与教学方法仍然停留在一种"大学名称、中学内容、小学组织"的模式中。由于长期以竞技体育知识为中心或过分强化了其知识、技能在体育教学内容中所占的比重，而导致了学生竞技知识与健身能力之间的失衡。显然，这种重竞技知识、轻健身能力，重共性、轻个性的课程设置模式与素质教育的理论相背离，不利于现代社会创新人才的培养。因此，高校体育课程的设置，在内容上要充分考虑学生的兴趣及其运动习惯的养成。在高校课程安排上应相应地减少体育必修课的比例，增大选修课的比例；应该加强课外体育锻炼的组织与实施，建立以健身为主要内容的新体系。体育的课程内容需要增加大量的休闲运动，尤其是终身体育的内容要不断地增大，使学生体会到运动的价值不仅在于提高运动技术水平，更重要的是要掌握健康运动的科学方法，为增进自身健康服务。增设学生喜爱的体育休闲项目，提高其参加体育活动的兴趣，激发其锻炼的动力，充分发挥学生的积极性和创造性。

（四）改革体育教学评估体系

教学评估是教学过程的一个重要环节。全面、客观、科学、准确的教学评估体系对于实现课程目标至关重要。它既是教师获取教学反馈信息、改进教学方法、提高教学质量的重要依据，又是学生调整学习策略、改进学习方法、提高学习效率的重要手段，

它还是教学管理者调整和制订教学计划、合理安排课时分配的重要参考依据。而传统"一刀切"的考核与评价方法，对考查学生的全面发展程度和各项身体素质的提高都存在着很大的局限性。单一的成绩评定容易挫伤部分学生的学习积极性，不利于学生形成正确的现代体育意识和健身观。因此，对学生体育成绩的考评应从以下三个方面进行：一是注重学生学习过程的考查。学生学习和练习过程的质量在很大程度上决定了其结果的质量。因此，那种只重视结果而不注重过程的做法是不妥当的。二是要重视发展个性的考评，以考促学。学生在身体条件、运动爱好和运动技能等方面的个体差异是客观存在的，应根据这些差异来确定目标和评价方法，并提出相应的教学建议，以确保绝大多数学生都能完成学习目标，使之成为促进学生学习的动力。三是要重视对身体素质达标情况和体育理论知识学习水平等内容的考评。可以加强体育教学评价与考核方法的研究，使之符合素质教育的要求；同时，增强学生的体育意识，促进学生综合体育素质的提高和能力的培养。这种教学评估体系的转变将极大地调动学生学习体育的积极性，全面提高学生的身体素质和运动能力。

（五）提高体育教师队伍的整体素质

首先要从源头抓起，严把教师录用关。其次要加强对教师的培训，通过培训来提高他们的教学水平和教学技巧，使其学会如何激发学生的学习兴趣，如何鼓励学生全身心地投入到学习活动中去，如何适当地纠正学生学习过程中出现的错误等。同时，通过培训使其掌握必要的教学理论和教学技能，使教师从单一的"技术型"向"复合素质型"转变，从而推动素质教育的成功进行。

三、体育教学改革的回顾

（一）教学指导思想与教学目标的探索阶段

1979年，教育部、国家体委、卫生部、共青团中央联合召开新中国成立以来规模最大的一次全国体育卫生工作经验交流会，颁布了《高等学校体育工作暂行规定》。在"调整、改革、整顿、提高"方针的指引下，高校体育课程的改革全面启动。1990年2月，国务院批准发布实施的《学校体育工作条例》规定，"普通高等学校的一、二年级必须开设体育课。普通高等学校对三年级以上学生开设体育选修课"。同年10月，国家教委颁发了《大学生体育合格标准》和《大学生体育合格标准实施办法》。1991年国家教委开展了对全国高校体育课程的评估。1992年国家教委颁布了《全国普通高等学校体育课程教学指导纲要》，将体育课的教学目标确定为"通过科学的体育教学过程和体育锻炼过程，使学生增强体育意识，具有体育能力，养成体育锻炼的习惯，受到良好的思想教育，成为体魄强健的社会主义事业的建设者和接班人"。

（二）教学内容与教学模式的改革阶段

1995年6月28日国务院颁布了《全民健身计划纲要》。同年8月29日第八届全国人民代表大会常务委员会第十五次会议通过的《中华人民共和国体育法》第十七条规定："教育行政部门和学校应当将体育作为学校教育的组成部分，培养德、智、体全面发展的人才。"随即国家体委又推出了《全民健身121工程》，要求学校"保证学生每天参加1次健身活动，每年组织学生开展2次远足野营活动，学生每年进行1次身体检查"。伴随着"121工程"的推进，各种健身、娱乐体育内容逐渐走进学校体育课堂。1999年6月，中共中央、国务院颁发《关于深化教育改革全面推进素质教育的决定》要求"学校教育要树立健康第一的指导思想"。同年10月，教育部在江苏无锡召开了全国学校体育卫生工作经验交流会，要求认真落实"学校教育要树立健康第一的指导思想，切实加强体育工作"。随后出现的"俱乐部模式""运动处方模式""三自主模式"，开启了教学模式多样化发展的格局。

（三）教学理念与课程目标的创建阶段

2001年6月，国务院颁发的《国务院关于基础教育改革与发展的决定》提出了"加快构建符合素质教育的要求的基础教育课程体系"的任务。2001年秋季开始，基础教育《体育与健康课程标准》在全国38个国家级实验区试行，2002年秋季实验范围进一步扩大到全国近500个县（区）。2002年8月教育部颁布了《全国普通高等学校体育课程教学指导纲要》。新《纲要》秉持以人为本、全面发展的教育理念，规定了由运动参与、运动技能、身体健康、心理健康、社会适应构成的课程目标。2006年12月，教育部、国家体育总局在北京召开了全国学校体育工作会议，颁发了《关于进一步加强学校体育工作，切实提高学生健康素质的意见》。同期，教育部、国家体育总局、共青团中央联合下发了《关于开展全国"亿万学生阳光体育运动"的通知》，力争用3~5年的时间，使85%以上的学校能够全面实施《学生体质健康标准》，85%以上的学生能做到每天锻炼1小时，达到《学生体质健康标准》及格等级以上，掌握至少两项日常锻炼的体育技能，形成良好的体育锻炼习惯，其体质健康水平切实得到提高。

四、体育教学改革的现状和趋势研究

为了适应社会对人才的需求，30多年来，全国各高校在探讨体育教学目标、体育教学思想的基础上对体育课程设置、教材内容、教学方法、体育教学的组织、教学的模式、教学的评价等方面进行了全面的探索和改革。

（一）体育教学目标呈现多元化

体育教学目标的主要观点包括：①以改善健康状况，增强体质为主要目标；②以学习和掌握体育知识技能为主要目标；③以竞技教育，提高运动水平，为国家培养优秀运动员为主要目标；④以培养学生体育能力为主要目标；⑤以满足学生娱乐心理，享受体育乐趣为主要目标；⑥奠定学生终身体育观念为主要目标；⑦以提高学生的心理素质和体育文化素养为主要目标；⑧以体育锻炼为手段，对学生进行思想品德教育，培养优良品德为主要目标；⑨以身体练习为手段，促进学生身、心发展，达到育人的目标；⑩以学生掌握锻炼身体的方法为主要目标。体育教学的诸多目标都是围绕着育人的总目标，在体育教学的过程中，根据教学任务、教学内容、学生的实际和教学条件所提出的具体目标或者是阶段性的目标。要实现育人的总目标，教育者必须科学地选择教学内容，根据现有的教学条件，分阶段、分层次、合理地选用教学方法进行教学。

（二）体育教学指导思想多样化

30多年来，我国体育教学思想呈现多样化和综合化，其主要观点包括：①全面教育的指导思想；②以体育教育为主的指导思想；③以培养学生运动能力为主的指导思想；④以快乐体育、娱乐体育为主的指导思想；⑤以终身体育为主的指导思想；⑥以竞技体育为主的指导思想；⑦以增强体质为主的指导思想；⑧以技能教学为主的指导思想；⑨以发展学生个性为主的指导思想。以上研究表明，体育教学思想随着社会发展，有越来越"泛化"的趋势，各种体育教学思想之间有着逻辑上的紧密联系，它是围绕着两条相对稳定的主线（体质与运动能力），着眼于身心的全面发展的。

（三）课程设置和体育教学内容的选择成为体育教学改革的核心

体育教学改革必须从改革课程设置和科学合理地选择教学内容为切入点。体育教学内容和课程设置的改革要以高等教育体育教学目标，现代体育发展的需要，学生的兴趣、爱好，场地设施为主要依据，确立了以增强体质，促进身心全面发展为主的指导思想。在20世纪80年代初，随着我国改革开放，许多高校在大学二年级相继开设了专项课的设置，1992年原国家教委颁发的《全国高等学校体育教学指导纲要》，正式对普通高等学校体育课程设置做出了规定，即基础体育课、选项体育课、选修体育课、保健体育课四种类型。体育教学也从单一型发展到多种课型并举，较好地克服了传统单一课型忽视受教育者的个性心理特征及主体作用的弊端。目前，体育教学内容和课程设置的模式为一年级以必修课为主，安排了提高身体素质、配以各类基本技术的教材体系，以弥补中学体育教学的不足，完成中学至大学的合理衔接和过渡。二年级开设专项课，学生可选择课程、教师。开设选项课，以满足学生兴趣、爱好和选择的要求。三、四年级开设选修课，以休闲课和娱乐课为主，增加专业性的内容，采用"俱乐部"制。例如，地质院校增加了登山运动、负重行军等内容；商业院校增加了保龄球、台球等内容；形式多样、内容丰富的教材，不仅有健身、娱乐之功效，而且能够使学生适应毕业后的生活与工作。此外，又适当地增设体育理论知识课程，让学生明确学习的目的，端正学习态度；了解人体发展和运动生理、卫生知识；掌握各项运动的知识和锻炼身体的方法。但在改革中也存在着一些共性问题。例如，教学目标宽泛、模糊，教材的选编、课程的设置存在着较大的随意性；在教学内容的安排上，运动项目主要是解决手段问题，重视方法不够；运动的内容欠全面，重运动，轻养护。

（四）体育教学方法的改革正逐步向"启发学生主动学习"的方向发展

体育教学效果很大程度上取决于教学方法应用的科学与否。目前，体育教学方法的改革十分活跃，如主体教学、发展式教学、自学式教学、启发式教学、快乐式教学等。从整体改革的思路上来看，大都能体现"启发学生主动学习"的思想，这表明"以教师为中心"的传统观念正在转变。但在改革中，许多研究者没有清楚地认识到教学方法两重性的特点，即功能性和局限性。因为教学过程是一个结构复杂、多阶段、多因素的动态过程，教学有法、教无定法、贵在得法。教学必须要针对学生的实际，既有利于发挥教师的主导作用，又必须尊重学生的主体意识，周全地考虑教学方法运用的针对性、时效性、全面性。

（五）体育教学组织形式呈现多维性

体育教学的组织工作是否严密、合理，会直接影响着教学效果。有关研究表明，目前，大多数高校采用的是分组不轮换的教学组织形式，分组是根据"三向"交往的理论来进行（教师与学生之间；学生与学生之间；教师与学生、学生与学生之间的交往）。根据这一理论，目前主要有以下几种教学组织形式：一是散点式；二是"小群体"式；三是自然分组式；四是按运动能力分组（搭配式、分级式）；五是俱乐部组织形式。总的来讲，体育教学的组织是多维的，上面叙述的是目前研究比较多的组织形式，各种组织形式都有其各自的特点，它们的共性在于能发挥学生的自主性、积极性，有利于发展学生的个性和创造性。但教学的组织形式受教学条件的制约，还有待于在更大范围内做更缜密的研究。

（六）体育教学模式具有针对性

体育教学模式的研究是当前体育教学论和体育教学改革的重要课题之一。近几年，对体育教学模式的研究日趋活跃，这表明体育教学改革已开始进入综合研究阶段。目前，中国体育科学学会学校体育专业委员会提出了主体教学模式、成功教学模式、合作竞争教学模式。上面多种教学模式并不是孤立存在的，各种不同类型的体育课，因其特性和要完成的任务不同，就需要有多种教学模式去进行适应。由此看来，教学模式既可以组合，又允许创造，但设计任何教学模式都必须以科学的理论为先导，并通过实验对比才能对它的合理性、可行性和可操作性进行评价。

（七）教学评价的双向性

教学评价是获得反馈信息的重要手段。目前，高校体育教师比较重视教学评价的研究，尤其重视师生的双向评价。通过教师评价学生的学习，使每个学生都能够从教学评价中得到新的目标和新的动机，通过学生评价教师的教学，促进教师科学安排和控制教学程序。但教学评价的研究多数停留在理论研究上，付诸实施的较少。

综上所述，当前体育教学改革表现出以下特征：①教学目标开始朝着"多目标""多功能"的方向转移，既追求近期效益，更追求远景目标。②教学思想从"生物体育观"逐渐向由生物、心理、社会三方面因素构成的"三维体育观"转变，从而拓宽了它的健身、娱乐、竞技、文化、社会等方面的功能。③课程设置和教材建设已成为体育教学发展的核心动力。近年来围绕着课程设置、课程类型、课程内容、教学定位、教学大纲、教学模式和教学体系等内容进行了改革，课内外一体化已经形成。④教学方法的改革显得格外活跃，从规律性的思路来看，大都能体现"启发学生主动学习"的思想，表明"以教师为中心"的传统体育教学正在逐步转变。⑤体育教学组织形式的改革是根据"三向"交往方式，由表浅向着深层次发展。⑥体育教学模式的研究已通过许多具有内涵丰富结构的研究模式表现出来，但是目前这种教学改革实践滞后的现象却比较普遍。⑦教学评价的研究从身、心两方面效果考虑，采用定性和定量相结合的评价方法，在一定程度上可以适应现实的需要。

第三章 体育教学的发展动态

第一节 体育教学目标的统一与协调

体育课的场地、器材等,对体育课程目标、课程设置、课程设计思路以及课程任务都有很大的促进和帮助作用。马克思曾说过:"人创造环境,同样环境也创造人。"《列女传·母仪》中记载的"孟母三迁"也说明了其中环境对塑造人的重要性。教学环境不仅影响着教学过程的组织与安排,而体育教学环境是体育教学系统的必要条件,并且影响着体育教学系统。本节采用文献资料法、分析和综合的方法论述了体育教学环境和体育教学系统的关系,并且阐述两者如何协调应用才能达到最好的教学效果。

一、体育教学环境的概念

(一)体育教学的物质环境

无论是学习还是生活都离不开环境。体育教学需要的环境主要是运动的场地和体育器材,否则全面深化教学改革,推进素质教育,加强学院普通体育课程建设,提高体育课的教学质量就成了一句空话。课前准备器材时,要根据课堂的内容,注意因地、因时而异。如田径场红色的跑道、绿色的足球场可提高中枢神经的兴奋性,使学生有一种跃跃欲试的冲动。一排排乒乓球台,一片片羽毛球场,它们的采光、空间、通风都会给练习者积极的影响。上理论课,如课桌椅的款式和新旧实验室以及实验仪器、图书资料、电化教学设备等。这些设备是开展体育教学活动的必备条件,对完成体育教学的任务起着非常重要的作用。为了方便教学体育器材保管室应设在离运动场地较近的地方,房间应通风,光线较好,器材按项目分离存放,随时检修器材,维护运动安全。

(二)体育教学的心理环境

上体育课教师往前一站,一副师道尊严的面孔,会给学生带来很大的压力。他们因为怕教师,身体有病也不敢向教师反映,造成很严重的后果。所以教师上课前要整理好自己的情绪，具备心胸豁达、移情理解和客观性，真诚而不盛气凌人，当教师热情鼓励的时候，学生更有创造性。当学生把教师看作是一个热情又有同情心的人时，课堂里同学之间更能分享喜爱和感情，教师的热情与学生对体育的兴趣与完成运动的密度和强度有着很深的关系。采用多媒体教学，如学习之前教师将技术动作放慢、定格。看完录像后，组织学生进行讨论，再进行示范，学生练习后再进行讨论，让他们有一种当小教师的感觉，学起来他们自己会想办法克服很多的困难。学生最不愿意跑步，觉得枯燥。采用4人一组，以比赛竞争、团队参出的形式进行，如蛇形跑、变速跑、追逐跑等。投掷的练习可采用单手投、双手投、向前投、往后投、画方格投等。练习力量时，准备几个不同重量的沙袋，根据学生的实际情况使用，采用20m的往返跑等。利用上课的时间进行班级与班级比赛，加强学生的参与主动性与责任、团队合作、增强积极动机和减少对教师的依赖。为正常人格的成熟、获得独立性、自信、自我控制、坚持，并能忍受挫折这些成熟的人格品质所必需。

（三）体育教学活动中的语言环境

只有爱学生，与学生打成一片，才能了解到学生的喜怒忧乐、兴趣爱好及以希望要求。注意心理修养，善于控制和表现自己的情绪。无论在课外遇到什么不顺心的事，在走进教室之前，一定要使自己恢复常态，不能把自己恶劣的情绪传染给学生，更不能向学生流露甚至发泄。语言的速度，对于教学效果的好坏有直接的影响，认真地探索和把握最科学、最合理的教学语言速度。语言是人与人之间传递信息最为主要的方式之一，体育教学中教师与学生之间、学生与学生之间语言的交流十分频繁，语言的交流中包含着丰富的信息，因此良好地运用这一工具对于提高体育教学质量的作用十分明显。实践表明，良好的课堂语言环境对于体育知识、体育技能的传授十分必要。

二、体育教学系统的概念

体育教学系统，顾名思义，也就是体育教学体系的统一体，体育教学系统是各体育教学要素以一定的结构形式组织起来的，具有各单一体育教学要素所不具备的某种功能的教学统一体，它包括以下几个系统。

（一）体育教学内容系统

《教育部关于印发普通高等学校体育课程教学指导纲要》文件的精神，结合我校人才培养的目标，以教学改革为根据前提，以学生为主体，以健康为主题，以服务专业为方向的新理念，采用以人为本、强化人体练习、突出个性发展。普通高校按照树立"健康第一、终身体育"的学校体育教育思想，通过传授体育知识、运动技能，达到全面增强学生体质，增进身心健康，培养学生良好的意志品质和素养，养成终身体育的锻炼习惯。

（二）体育教学方法系统

从上位层次来看，体育教学方法系统包括模式教学、模拟教学、程序教学。从中间层次来看，上课时教师通常先讲解，再向学生提问，同学生一起讨论，是教学中运用语言指导学生学习，达到教学要求的方法这些都是用语言传递信息的讲解法、问答法和讨论法。教师示范以及帮助学生纠正动作错误是体育教学中通过一定的直观方式，作用于人体感觉器官、引起感知的一种教学方法，即动作示范法。教师为了防止和纠正学生在练习中出现的动作错误所采用的方法即纠正动作错误与帮助法。循环练习法：根据练习任务的需要选定若干练习手段，设置若干个相应的练习站（点），学生按规定顺序、路线和练习要求，依次循环练习的方法。利用场地器材组织学生进行运动竞赛法等组织学生讨论探究教学方法即发现法。各种教学方法的运用具有教育性、发展性、科学性、多样性等特点，这样才能体现整体化思想，达到最佳教学效果。

（三）体育教学负荷系统

生理负荷是指人做练习时所承受的生理负荷。运动负荷包括运动量和运动强度两个方面。在体育课上只有运动负荷保持适宜，才能够收到较好的教学效果，运动负荷过小或过大都不行。过小，则达不到锻炼的目的；过大，又超出了学生身心所能承受的限度，对学生身心健康和教学任务的完成都十分的不利。因此，合理地安排和调节体育课运动负荷是对体育教师教学的一项基本要求，也是评价体育教学和体育活动锻炼效果的一项重要指标。课堂教学中最常用到的运动负荷测量方法除了脉搏测量外，还有询问法和观察法。据瑞典生理学家研究，当询问学生锻炼后的自我感受，学生回答"累极了、很累、有点累、还行、很轻松、非常轻松"时都有不同的心率，而这些心率和回答之间有着极明显的对应关系。这样教师就可以利用学生的回答来判断学生承受运动负荷的情况。采用观察法可以直接简便地知道学生的运动负荷情况，教师可以通过观察学生的脸色、表情、喘气、出汗量、反应速度等表现来判断其所承受运动负荷的大小。比如，当学生承受较小负荷时，额头微汗、脸色稍红；承受中等负荷时，脸色绯红、脸部有汗下滴；承受过大的运动负荷时，脸色发白、满头大汗、动作失控等。所以，安排运动负荷时要以学生发展为中心，重视学生的生理和心理感受。在体育课上，可以通过调整练习的次数和组数、练习的强度和时间、器械的坡度和阻力，也可以改变课的组织教法等来对运动负荷进行合理性的调节。

（四）体育教学评价系统

学生学习态度的评价，学生行为表现的评价，防止违纪行为的升级和负面作用的扩散，学生掌握知识与技能的评价。坚持主体取向的评价机制开放的教育需要开放的评价、量性评价与质性评价，行为评价与心理评价的有机结合，由重视结果向重视过程转变。

三、体育教学环境和体育教学系统的关系

体育教学中，体育教学环境对学校体育教学系统的影响，既来自学校内部环境，又来自学校外部的环境，既来自学校的物质环境，更来自学校学生和教师的心理环境。而体育教学系统反过来也可以影响体育教学环境，他们之间是相互制约、相互影响的。

四、体育教学环境和体育教学系统的协调统一

在体育教学中，要达到更好的教学效果，完成既定的教学计划，那么体育教学环境和体育教学系统两者之间是缺一不可的，只有两者协调统一才能为体育教学更好地服务。

（一）充分了解当前体育教学环境现状

教师在体育教学中一直是起着一个引导的作用，主要表现在了解教学目标、制订课时计划、规划教学设计、优化教学方法等。当然这些都必须建立在了解当前教学环境的基础上，教师不仅要了解当前教学的物质环境，了解学生的当前的学习需求，而不是仅仅停留在课本上，还应该对整个教学环境进行设计。

（二）保持体育教学环境和教学系统的动态平衡

在体育教学中，体育教师既要让体育教学系统适应体育教学环境的变化，也要尽力去改变当前制约体育教学系统发展的环境因素，使两者在动态上保持平衡，为更好地实现体育教学目标而服务。

第二节 体育教学内容的选择与开发

体育教学课程资源的开发和利用最重要的是教师的课程资源观和课程资源的开发意识，理解了什么是课程资源，才有可能开发课程资源。

一、对体育教学课程资源的认识

合理开发与有效利用体育课程资源是体育课程目标达成的必要条件，也是体育课程改革的有力保障。由于地方经济和文化发展的不平衡，体育课程只有符合地方经济并地方化，才能够提高体育课程的适应性，才能更有效地发挥体育课堂的本色。

在这里，首先要了解体育教学课程资源的这个概念。所谓"课程资源"，无疑是受教育技术和远程教育的启发而由教学资源和学习资源演变而来，但它在教育技术和远

程教育界并不被经常使用，甚至有些陌生。由于课程是教学活动的基本单元，因而一切教学资源或学习资源往往都是以课程资源的形式来进行呈现的。一般来讲，"课程资源是指形成课程的要素来源以及实施课程的必要而直接的条件"。

二、如何进行体育教学课程资源的开发

首先，开发出来的课程资源要从具体学生群体和个体的身心发展特点等一些特殊情况出发，能为他们所接受和理解，符合他们的身体状况和认知规律，有利于学生的身心体验，有利于达到目标。接着，要做一个价值判断，是学生迫切需要的、对他们显示发展最有价值的，这些体育资源应该得到及早优先的开发。体育课程资源的开发的几个途径不是截然分开的，在开发的时候需要有机地整合在一起。

（一）从体育师资条件出发

学校具备何种师资，我们的教师具备什么样的素质，他们的特长、专业是否能带动体育课程资源的开发。考虑到这些因素以后，教师才能游刃有余地进行资源的开发。反之，由于一些学校限于师资的水平和特点，教师没有能力去开发一些学生需求比较强烈，感兴趣的程度也比较高的体育课程资源，因此它就成为前进路上的一个瓶颈，在很大程度上制约着对体育课程资源的合理利用。

（二）从学生的现状考虑

体育课程资源的服务对象是学生，所以关注学生的身体发展作为开发体育课程资源的主要途径，这主要着眼于以下两个方面：

（1）学生身体状况的调查。在开发课程资源时，必须对是否能使其接受新开发的体育课程资源进行考虑。不同学生的身体状况水平也是不一样的，这不仅关系到开发的广泛性，还会影响到开发课程资源的内容选择。

（2）要想使学生积极参与进来，不仅要找到学生有兴趣的课程资源，也要课程资源永远是最适合学生的。如此，学生既愿意参与进来，又可以充分调动学生的积极性。这样的体育课程在某种意义上来说是最适合学生的。所以，在开发时，我们要从学生的角度来看待周围的一切，要寻找学生的兴趣所在，力求开发出来的体育课程资源是"学生化"的体育课程资源，这样才能使学生完全融入课程资源中去，不能使课程资源老是一味地"教师化"，否则就失去了教育的意义。

三、体育课程资源开发案例

1.【案例】人力资源的开发——体现团队精神的集体负重跑比赛

活动目的：通过集体负重跑比赛，使学生热爱体育活动，增强体能，培养团队竞

争精神。

活动准备：场地的选择、学生负重物的准备、裁判人员的安排、工作人员的安排。

活动过程：参赛以班为单位，按规定时间跑完全程；安排好裁判工作；比赛开始，学生到达终点时，按名次顺序发放名次牌。第一名记1分，第二名记2分，依次类推。组（班）积分少者名次列前；统计各组（班）比赛名次和积分，排定团体名次；宣布团体名次，颁奖；活动讲评。

建议：体育教师应多开发这类小型的集体活动，让全校的教师（包括校医）都参与到活动中来，充分调动学校的人力资源为体育比赛服务。

2.【案例】民间体育课程的开发

（1）跳绳。

跳绳可以分为三类：①技巧性跳绳，单脚跳、双脚并跳、换脚跳、反手跳等多种花样动作；②游戏性跳绳，娱乐为主可以边跳边伴唱；③快速跳绳。跳绳方式大体分为个人与集体两种，鱼贯顺序跳、多人同跳等都是集体跳绳。

（2）踢毽子。

踢毽子有花样技巧比赛，常以肩、背、胸、腹、头与双脚配合，做各种姿势，使毽子经久不落地，缠身绕腿，翻转自如。踢毽子的技巧很多，但基本技巧，只有三种，即有"盘""拐""蹦"。还有"苏秦刺背""八仙过海"等各种名称。集体比赛时还附加远吊、近吊、高吊等踢法以表胜负。一般踢毽子都在冬季进行，天气寒冷，活动可以暖身。

（3）跳牛皮筋。

跳牛皮筋是一项准确、熟练、连贯协调、舒展自如、节奏感强的项目。基本动作有点、迈、顶、绕、转、掏等。一般分为三个高度：将牛皮筋举至与肩齐平；两臂自然下垂拉牛皮筋；一臂上举拉牛皮筋。并有单人和集体两种跳法。此游戏以女孩玩耍较多。以细牛皮筋结成绳子，长三四尺，两人扯绳各一端，随着牛皮筋的上下弹动，以一人或数人跳，在动作的基础上联合而成花样。

（4）抽陀螺。

陀螺的种类有木质、竹质、陶质、石质，抽陀螺可进行竞赛，一人不停抽击，抽到陀螺停止为输，再由另一人继续抽击。这种游戏是用一条绳鞭抽打一个圆锥体玩具，使它在平滑地面上不停旋转。

3.【案例】体育器材的组合开发

（1）校园"保龄球"。

校园"保龄球"是由实心球与手榴弹组合成的一项，在课中常用的教学内容，其教学方法也比较简单。在一块空地上一端放置手榴弹（或矿泉水），可以排成许多形状，另一端站学生手拿实心球，在教师的指挥下进行练习。

（2）嗒嗒球。

将乒乓球与羽毛球有机融合在一起的一项体育运动简称为嗒嗒球。这项运动不受场地限制，而且适合各种年龄的人群参与。它将乒乓球的推、抽、搓、扣、拉球打法与羽毛球的吊、挑、扣等各种技术结合起来，在网上往返对击，以把球击落在对方场区内为胜。比赛时采用乒乓球记分法，五局三胜制。

建议：应该说嗒嗒球是体育器材组合开发中最成功的案例，其充分地利用了两种体育器材的特性。它一半像乒乓球，另一半像羽毛球。嗒嗒球以其携带方便、不受场地限制、运动趣味强、易普及推广的独特魅力，正吸引着越来越多的人加入其中。对校园"保龄球"的开发虽没有嗒嗒球的影响那么广泛那么正规，但也有它的存在理由。

学校要根据教学实际情况及学生发展的具体需要，广泛利用校外体育资源以及丰富的自然、人力等资源，积极开发、利用信息化的体育课程资源。体育课程资源多种多样，应重视校外体育课程资源的作用从实际情况出发，发挥地域优势，强化学校特色，展示教师风格，因时、因地、因人制宜地开发与利用体育课程资源。

第三节　体育教学方法的运用与创新

通常而言，高校作为我国培养高等人才的关键基地，近些年来，我国政府对于高校教育问题也趋于关注，希望各大高校可以在一定程度上培养出综合实力更强的复合型人才。对于高校体育教学而言，也需要在创新的教学方法基础下，改良教学方法，推动教学实践。这样的话，不但可以让学生的身体素质有一定程度的提升，更能让他们的思维和创新能力有所促进，让学生养成健康的生活习惯。

一、创新教育理念下体育教育方式运用现存的弊端

（一）学生身体素质大多数较弱

根据国家相关单位针对学生的身体素质调研证明，大部分学生在20世纪80年代开始，身体各方面的耐力与速度及器官功能逐步下降，身体肥胖与近视的状况逐步增加。尽管近几年我国对于学生身体素质状况日渐重视，并且采取了对应的措施，学生身体素质取得了较好的改良，然而整体状况依旧使人担忧，也使我国革新型体育教育的展开受到了较大程度的影响。

（二）体育教育重视程度不够

由于受到应试教育的影响，在学习中体育课程往往缺乏重视，时常会发生体育课程让步于其他课程的现象，使得创新教育观念下的体育教育方式很难取得实质的运用

与贯彻。在教学模式上体育课程也具有一些缺陷。创新教育观念需求体育课程发挥提高学生体质的用处,然而依据当前的状况而言,体育课程在这方面的用处并没有取得完全的展现。而且,目前体育课程课本并没实现一致,课程内容未建立起合理的规范,并且教师传授知识的范围与学生了解的程度需求也未有规定,致使许多体育教师在授学的过程中只是单一地教授老旧且落后的体育知识,从而缺少创新的观念,而部分教师为了防止学生在体育课中发生意外,在教学方式的革新上顾虑较多,一定程度上妨碍了创新教育观念下体育教育方式的实行。

(三)学生体育活动时间普遍缺少

经过长时间教育习惯的积累,致使大多数家长与教师均形成只注重成绩而轻视其他方面的思想理念,认为时间不该浪费在上体育课或者是课外活动上,应该专心致志地学习其他课程,致使学生体育活动时间普遍缺少,学生的身体素质与运动观念较难得到提高,使得大多数学生在体育教学中出现抵制以及缺乏兴趣的状况,这种现象导致创新教育观念下体育教育方式的运用受到了较大的妨碍。

二、创新观念的体育教育实施手段

(一)根据学生不同的兴趣与资质进行不同的教育

体育这门课程对学生将来的发展同样起着重要的影响,高职院校的学生尽管价值观及人生观都在逐渐养成,然而通过合理的指引也还可以出现一些良好的变化,如若可以运用高职院校体育课来针对学生的身心进行合理的指引,将会对学生将来的发展起到较大的作用。在高职院校体育教育中依据学生不同的兴趣与资质进行不同的教育,能够在一定程度上增进学生身心的发展,使其在体育磨炼的过程中增强自信。在体育教学实际操作的过程中,每位学生的心理状况以及身体素质都存在着差别,一些学生的体质比较好,并且综合方面都要比其他学生要好,如若让其与其他学生达成相同的课程任务,常常会使其感觉到运动的强度太低,没有较好的锻炼效果。然而一部分学生的体质比较弱,体育课上的运动强度使其感觉到适应不了,并且在看到其他同学可以成功达成训练目标时,自己却完成不了,其对于体育的热情则会逐渐降低,甚至使其在体育教学中出现抵制或是缺乏兴趣的状况,一定程度上影响到创新教育观念下体育教育方式的运用。

(二)集思广益,相互激励

一般情况下,为使学生的身体素质以及思维能力协同在体育教学中取得一定程度的增强与磨炼,教师还可以运用集思广益与相互激励的方式,使学生经过互相协助的方式来互相鼓励,一同完成课程上教师布置的任务。另外,教师也可以提出一些与体育相关的问题给学生，然后以小组的形式进行探讨与思考，自由地发挥自己的看法与想法，在互相协助的情况下解答教师布置的问题。但是，在过往的体育锻炼中，往往是由教师示范相关的动作要点，学生自主进行操练，较少会予以学生表明自身看法的机会，然而这实质上完全不利于学生创新性思维的提升，但是运用相互激励与集思广益的方式就能够一定程度上促进学生创新能力的发展。

（三）情景教学，提高效率

情景教学方式指的是在体育教学的过程中，先运用恰当的方式把学生引入相关的情景当中，使其有一种身临其境的感觉，从而使体育教学更具创新性。而一部分体育教师认为情景创建比较适合低年级的学生，对大学生而言，没有具体的可行性，然而实际上，如若可以在高职院校的体育教育过程中应用情景教学方式，也可以起到鼓励学生的效用，使学生对知识可以取得较好的掌握与理解，从而对体育锻炼更具有兴趣与热情。

总而言之，本节主要对创新教育理念下体育教学方法基础理论及实践进行了充分的研讨。在当前的创新教育理念下，强化对于高校体育教学方法理论实践，从当前的学校以及学生实际情况入手，创造出更多的全新的教学方法，只有这样，才可以更加满足人才培养的需求，培养出更多符合要求的综合型的人才，从而推动学生的身心实现综合全面的发展和进步。

第四节　体育教学手段的使用与创新

教学过程中，有效的教学方法不仅能调动学生学习兴趣和练习的积极性，更能实现体育课堂教学有效性的实现，从而达到高中体育课要坚持素质教育和健康第一的指导理念，增强学生身体素质。为了实现这个目标，教师要积极结合学生在生活中比较感兴趣的事物，注重学生的个体差异，运用灵活多变的教学模式以此来创新体育课堂。下面我们就从创新教学手段的作用意义、策略、实施成效、注意事项等几个方面进行阐述。

一、创新体育教学手段的作用与意义

高中体育课堂教学手段的创新，并不仅仅是为了顺应新课标的要求，更是为了满足学生的需求，对于高中生的发展也有积极的作用与意义。创新教学手段可以在很大程度上促进学生身体素质的提升，提高他们的运动技能。在高中的学习过程中，由于学业比较紧张，课程安排比较紧密，大部分学生在每天的学校生活中，几乎都不离开

自己的课桌。这样对学生的身体素质培养来说就是一大隐患。那么在体育课堂上通过教学手段的创新，就可以吸引学生的注意力，让学生从繁重的学习压力中解放出来，放松身心、振奋精神，通过积极投入，增加锻炼，提升身体素质。

二、创新体育教学策略

（一）通过师生角色互换，突出学生主体地位

传统的体育课堂教学以教师讲授为主，学生获得运动技能为目标。但是单一固定的课堂教学模式容易使学生疲倦，不利于调动学生学习的积极性，更未能突出学生在学习中的主导地位。德国著名的民主教育家第斯多惠曾说："教育的艺术不在于传授的本领，而在于激励、唤醒和鼓舞。"师生角色互换，教师成为课堂教学的引导者、服务者，学生成为课堂的真正主角，能极大地调动起学生参与的积极性和主动性，唤醒学生自我实现的内在愿望，能有效提高课堂教学效率，促进学生综合素质的提升。

角色互换可以安排在课堂教学开展前，教师根据教学内容，结合班级的实际情况，对学生进行分组。学生在准备的过程中，结合自己的能力水平和兴趣爱好，充分发挥主观能动性，通过多途径多方式，如利用教材、向教师咨询请教、通过网络资源等方式，了解掌握教学内容的相关知识点，设计教学方案，然后在实践中展示这一堂课。这一过程可以极大地培养学生发现问题、解决问题的能力。

同样在教学过程中，我们也可以角色反转。教师以"学生"角度提问。例如，在田径教学中，向学生提出"推铅球的方式有哪几种"的问题，然后让学生独立思考或小组讨论，最终学生给出了"侧向原地推铅球""上步推球""侧向滑步推球"等不同答案。这样的教学方式，不仅能极大地调动学生参与课堂的积极性，而且培养了学生的创造性思维，让其体会到探索创新的喜悦。

（二）情境教学，使教学更具目的性

情境教学法是指在真实的情境中，使学生通过切身的运动实践、运动欣赏等体育行为，提高运动能力，加深运动感悟，促进体育价值观形成的教学过程。其主要特点表现在情境的真实性、开放性以及感受的深刻性、持久性。

情境教学法与传统的技能教学不同的是：教师不是从基本的动作教起，而是从项目整体特征入手，然后再进行具体技能的学习，最后再回到整体的认识和训练中，突出主要的运动技术，而忽略一些枝节性的运动技术。注重在实践中培养学生对项目的理解，把技术运用在"尝试性比赛"中，引导学生懂得如何学以致用。

比如在球类技战术教学中，让学生进行实战观摩，通过看比赛片段、动态图的演示、图解的讲解等方式，结合实战向学生演示一些技战术的配合和应对的方法，既培养学生全面观察情况、把握和判断时机以及临场的应变能力，又能使学生最终根据所学的

技术和战术，判断出"做什么"和选择最佳的行动方案——"如何去做"。

比如篮球技战术的教学，挡拆配合。把NBA比赛中配合的技术截取，慢速播放形式展示，然后学生分组进行比赛，强调比赛时尽量用挡拆配合，少用其他配合，在此过程中教师可以运用视频手段拍摄学生配合的过程。总结过程中视频回看并向学生提问，再运用这个技战术中注意的事项，引导学生了解挡拆配合的要求：快速移动，准确卡位，把握时间，正确拆分。教师再示范讲解动作，并在此过程中提出学习的重难点，侧掩护时脚要站稳，不能移动挡拆，挡拆到位后手臂的摆放等，最后才分组进行挡拆练习。这样使得学生学练得更有目的性，课堂效果更显著。

（三）使用运动APP软件，综合构建体育课堂

随着我国科技的进步、信息化技术的发展，大量的新事物进入了我们的生活中，给我们的生活带来了便利。在高中的体育教学中，为了促进教学手段的有效性，教师就可以将新鲜事物与实际教学结合起来，利用和体育教学相关的APP软件，进行课堂教学。这既符合学生的心理需求，又能促使其把更多的注意力投入课堂中来，提升参与度，从而实现教学的有效性。同时在兴趣推动力的基础上，能使学生多去练习，做到自我比较评价，将自己的运动技能水平进一步提升。

比如，在进行24式太极拳教学时，教师就可以利用《24式太极拳》APP。将学生进行分组，每组配备一个手机或Ipad设备，通过APP里面的太极拳概要简介，先了解太极拳的特点；再集体观看视频，建立拳术的整体印象和概念。在观看过程中，教师引导学生关注太极拳的特点在视频中的体现——心静体松、圆活连贯、虚实分明、呼吸自然。最后，让学生通过图文讲解，自学动作，小组协同合作初步掌握动作的框架。在此基础上，教师再介入讲解示范教学，学生掌握技能自然就事半功倍。

课后教师还可以布置练习，让学生再次通过APP去复习、巩固、提高，在下一次的课堂中以小组形式进行展示，这样使得课堂学习有了延伸，也使得学生技能的掌握和提升会变得更好。当然在教学过程中要引导电子设备的合理使用，但仅限课堂内使用，鼓励放假后回家通过软件继续学习、复习提高，自学将要新授的课堂内容。

我们还可以合理利用抖音小视频，设计合理的体育项目。

最近抖音小视频在年轻人中十分流行，体育教师可以积极利用它，设计新颖有趣的体育项目。这样不仅可以激发学生的兴趣、调动学生的积极性，更能促进他们对体育项目的喜爱，主动参与到体育项目的锻炼中来，从而达到增强他们的身体素质的目的。但在这个过程中，教师要注意度的把握，不能让学生形成依赖。

比如，教师可以选择一些符合学校现有教学条件和环境的体育项目，课堂上让学生根据自己的兴趣进行挑选，选择最多的那个项目，就是下一节体育课的主要教学内容，这样既尊重了学生的意愿，又充分满足了学生的心理需求，也有利于体育课堂有

效性的实现。在教学过程中教师还可以将学生活动的过程拍成抖音小视频上传到网上。这样既是对学生的一种肯定,也有利于对抖音小视频的合理利用。

这样有效合理地使用 APP 软件,既促进了教学手段的创新,又构建了良好的教学氛围。

(四)利用积分制管理,科学评价学生表现

(1)设置"积分":教师在设计教学目标和内容时,将一个技能模块设定为一个单元,根据技能难易程度,结合学生的运动能力水平,设定为掌握、基本掌握、未掌握三个等级,分别以 3、2、1 进行量分。

(2)得分原则:形成牢固动力定型做动作熟练、省力、自如,即为掌握;技术动作有改进,动作规范,基本上建立动作定型,即为基本掌握;动作吃力、不协调,动作间有干扰现象,并伴随着一些多余的动作,肌肉紧张,即为未掌握。

(3)运作方式:模块教学结束,安排课堂内测评。可以根据运动项目和内容的不同,运用多种方式。如武术项目,五步拳,可以东、南、西、北四个角背向而立,独自演练,教师和学生互评结合。田径项目,蹲踞式起跑技术,分组沿跑道线模拟起跑,从器械调整、重心控制、起跑的步伐等方面进行考评。

(4)积分统计:教师记录测评课同学的得分,按比例折算计入期末总分。

(5)激励办法:每个模块测评结束,教师和学生互评相结合的方式,评出"模块之星",学期评选"课堂优秀之星"进行表彰,学生所有积分结果将作为评优评先的重要参考依据。

积分制管理的实施,使学生更加有学习的动力,积极性和主动性得以提高,有利于激发学生之间的竞争意识,完善了教学中的评价体系,为提高创新教学手段的有效性奠定了基础。

三、创新体育教学手段的注意事项

(一)与教学实际要紧密

创新的教学手段要符合学校实际,与学校的资源配置和学生实际的运动能力水平相符合。如教学手段与学校现有的教学资源相脱节,就会在教学的实施过程中,导致教学工作无法顺利开展创新;教学手段的教学难度与学生现有的运动水平能力不符,就会导致学生空有体育理论知识,但实际运动技能的掌握和提高并不理想。

(二)教学手段与学校规章制度要协调

为了激发学生学习体育的兴趣,有些教师倡导运用一些与体育项目有关的手机软件,这固然可以提高学生进行学习锻炼的兴趣,但也增加了学生对手机的需求。这一

现状的出现就与许多学校的规章制度是相违背的，教学过程中要合理地处理好这两者之间的矛盾，保障学校教学秩序的正常进行。

（三）创新教学过程中要紧扣主题

不同地区的高中学校教学水平参差不齐，对体育学科认识也不充分，创新教学手段就有可能因为这些因素，导致教学偏离主题。比如，学校倡导教师要学会放手，让学生通过多媒体课件自主学习，有一部分教师就会完全让学生观看体育视频，自己在课堂上完全不参与，过分强调学生的自主性，从而忽视教师应该承担的指导责任，这就是偏离主题的表现，不利于学生的健康发展和课堂的有效性实现。

（1）注意师生安全。

创新体育教学手段，丰富体育课堂内容，但对课堂的安全性也提出了更高的要求。首先教师要考虑学生的个体差异，设计科学合理、难易程度得当的教学内容和教学过程，要加强安全教育，落实课堂常规，对学生练习中的错误动作要及时纠正，场地、器材安排布置落实要到位。

（2）注重教学质量。

在教学过程中，教学质量永远是学校及教师所关注的重点。那么在创新体育教学的过程中，为了保障教学质量，学校就可以采取调查问卷和对比观察的方法。通过调查问卷形式了解学生对教学手段创新的喜好程度、欢迎程度；通过对比观察的方法，对使用创新与传统不同教学手段的班级比较，从学生课堂的参与度、技能掌握度、身体素质提高等方面做出参照，再结合每年的体质健康数据测试的机会，进行综合对比，用数据来进行体现。

综上所述，创新体育教学手段是提高体育课堂的有效手段，并且保障创新体育教学手段的有效性也是学校需要努力的方向，只有保障了教学手段的有效性，才可以确保课堂的有效性。这样不仅有利于激发学生的学习兴趣，让学生自主投入体育运动的学习、锻炼中来，更能培养学生终身体育锻炼意识和习惯，对促进我国体育事业的发展起到一定的推动作用。

第五节 体育教学模式的多元化发展

一直以来，高校体育是我国整个教育体系中非常重要的一个组成部分，它是连接学校教育与社会教育的重要枢纽部分。目前越来越多的人已经开始认识到终身体育思想的重要性，并对其致以高度的认同，随着终身体育思想的普及发展。如今，终身体育思想已经渐渐成为现代人们社会生活的理想追求。终身体育思想也在学校体育中得以充分的重视与运用，而高校体育作为学校体育教育的最后阶段，是培养学生终身体育思想与习惯的重要平台，同时也为学生将来走向社会，并在社会生活中培养终身体育习惯与行为打下坚实的基础。高校体育教学模式是高校体育教学的基本结构，其中凝聚了高校体育教学理论核心，是一个具有操作性与实践性的体育教学框架。在当前高校体育教学改革的过程中，通过对多元化体育教学模式的构建，不仅有利于培养大学生健康的身心素质和持久的体育思想，从而实现大学生身心素质的全面发展，同时也符合当今时代对综合素质全面发展人才的需求。

一、高校体育教育中多元化教学模式的重要作用

在当前的高校体育教学过程中，通过对多元化、富有成效的新型体育教学模式的运用，充分体现学生在教学过程中的主体性，鼓励并引导大学生积极参与到体育教学过程中，增加学生参与体育活动的主动性，从而提高学生的参与度，使学生在彼此的互动与交流中学习体育理论并提升体育技能，有利于培养学生的实践能力和团队协作能力，同时也有利于激发学生对体育课程学习的兴趣与热情，从而增强学生的体育学习效果，最终实现体育教学目标。在高校体育教学过程中，在实施多元化体育教学模式时，要充分挖掘并利用已有的体育教学资源，对体育教学模式进行适当的改革与创新，增强体育教学模式的新颖性、多样性与有效性，并积极引入符合学生身心发育特征、受大多数学生欢迎的体育活动形式，在保证体育教学模式科学性与实用性的基础上，进一步丰富高校体育教学模式，从而促进高校体育教育事业的高水平的发展。高校体育教师在体育教学过程中，开展多元化教学模式的时候，还应该充分了解并掌握当地学生的具体实际情况，探索出科学合理且具有特色的体育教育形式，以更进一步地丰富整个体育教育体系，对体育教育相关资源进行充分挖掘与有效整合；可以在整个教学过程中，适当融入一些具有趣味性的元素，以实现体育教学过程的趣味化与特色化，最终促进高校体育教学有效性的提升。

二、体育教学模式多元化的必要性与可行性

（一）体育教学模式多元化的必要性

多元化已经成为当今社会多个领域发展的普遍追求。在学术领域中，多元化发展为学术理论的生存与发展提供了比较广泛的空间。在如今的社会中，传统的绝对主义思想已经渐渐被多元化发展思想所取代，从而渐渐失去了其存在的意义。在当今信息时代背景下，多元化发展思想渐渐推动着现代教学模式的合理化与科学化发展。所以，在新时期，对于高校体育教育而言，非常有必要顺应时代发展的需要，自觉改变过去传统单一的体育教学模式，积极改革并创新体育教学模式，并结合本校发展的实际，

充分挖掘、利用、整合当地教育资源，探索出多种符合实际的新型体育教学模式，进一步丰富体育教育体系，以实现体育教学模式的多元化发展，从而促进高校体育教育整体水平的有效提升，这是当前高校体育教育过程中非常重要的一项举措。

（二）高校体育教学模式多元化的可行性

1.课程行政主体的多元化

我国于2001年7月颁布了《体育与健康课程标准》，该标准中提出要对课程管理的权力进行下放，与此同时，还提出了三级课程管理体制，具体地说，就是建立国家、地方与学校共同管理的课程体制。对于学校而言，将有更多的自由与权力来管理体育教学内容与教学方式等。我国所制定的新课程标准与传统的教学大纲具有比较明显的差异，主要表现为只是制定了教学目标，而对具体的教学内容没有进行详细且硬性的规定。该课程标准还将体育教学目标进行了适当的划分，分成了五个领域和六个水平。但是对详细的评价方法与可行性的评价方案没有进行具体明确的规定，而是交给高校和体育教师来自行设定。总之，该体育课程标准的实施，为高校体育教学模式的多元化发展提供了良好的政策环境。

2.对传统体育课教学模式的反思

在传统体育教学中，主要教学目的在于提高学生的体能素质，并向学生传授运动技术，在传统的课堂教学中，主要运用的是一种教师讲解示范—分解练习—完整练习—熟练巩固的教学模式。在该模式下，主要是以学生的运动技能形成规律为基础。尽管这种传统的体育教学模式有利于增强学生的身体素质，有利于提高学生的运动技能，但是缺乏一定的针对性，不利于学生综合素质的全面发展。该模式没有充分尊重学生的个体差异性，没有充分考虑不同学生的实际情况，这种单调传统、缺乏针对性的体育教学模式导致很多对体育运动感兴趣的学生不乐意上体育课。由此可见，这种传统单一的体育教学模式不利于学生体育素质与综合能力的全面发展。基于这样的情况，作为高校体育教学工作者，应该积极创新、勇于探索，自觉培养自己的创新意识与探索精神，并根据时代发展需要，结合现代体育教学理念，构建出多元化的新型体育教学模式，培养出符合时代发展需求的复合型人才。

三、新时期高校体育教学模式多元化发展的策略

（一）加深对体育教学模式多元化的认知

在当今这个信息时代背景下，各大高校应该积极转变自己的体育教学理念，积极学习并引入先进的教学理念，在传统的体育教学评价中，教师只是将学生的成绩作为评价学生体育能力的唯一标准，这种评价方式缺乏一定的科学性与全面性，难以对学生进行客观公正的评价。因此，在新时期，高校体育教师在注重学生体育能力的评价时，

还应该注重学生身体素质、心理素质等多方面的评价。因此，在体育教学过程中，高校与体育教师应该重新审视信息化教学的重要价值，充分认识体育教学的重要性，适当提高体育教学的地位，实现其学科地位的提升，要想做到这一点，首先就需要高校体育教学工作的管理者充分认识到体育教学模式多元化发展的重要性，只有如此，才能使高校体育教学工作者积极转变过去传统的教学理念，在体育教学实践过程中，能够自觉运用到现代信息技术。

（二）创新高校体育教学模式

在信息时代背景下，高校应该以新型的、先进的体育教学理念为思想指导，积极探索出新的体育教学模式，高校体育教师是整个教学过程的重要主体，是整个教学活动的引导者与组织者，在整个教学过程中发挥着非常重要的作用。因此，体育教师在实际的教学过程中，应该充分尊重学生的主体性，通过在教学过程中适当融入一些趣味性元素，以激发、调动学生自觉学习体育课程的积极性与主动性，鼓励并引导学生主动探索体育学习中的奥秘，以培养学生的自主学习能力和实践能力。与此同时，体育教师还可以根据教学大纲的要求，积极开展具有趣味性的体育教学活动。例如，体育教师可以通过分组教学法与比赛教学法相结合的方式，让学生通过自由组合与比赛活动的形式，主动参与到体育项目技术的学习中，从而激发学生的学习兴趣与热情，最终实现体育教学效果的提升。

（三）提高高校教师的技术水平

在互联网时代背景下，信息技术已然成为推动教学发展的重要手段，而在信息环境下，高校应该加大对体育教学专业技能的训练。比如说，对计算机相关知识的培训，要求教师必须要掌握相应的 Photoshop 和 Office 办公软件。同时还要学会动画制作等教学视频的制作，将教师的信息技术能力作为教学考核的重要标准，只有这样，体育教师才能够以提升自身的专业水平为根本，不断加强对信息技术的学习，定期与优秀的体育教师进行技术交流，实现共同进步。

（四）加强高校体育教学、科研经费投入

高校体育场地、器材不仅是教师选择教学内容的重要依据之一，同时也是限制大学生参加体育活动的重要因素。高校体育教师在进行教学研究的过程中，遇到最大的问题就是经费投入不够，这在一定程度上降低了他们从事科研工作的积极性。加强学校体育教学、科研经费的投入，不仅可以激发教师进行教学改革的动机，也是教改研究能够顺利进行的财力、物力保障，还可以激发学生参加体育运动的兴趣与热情。

（五）重视学生在教学过程中的主体地位

素质教育要求把学生作为学习的主体，强调参与、合作、尊重差异和体验成功。

教师在选择体育教学模式时，应注重与学生之间的积极互动、共同发展。研究学生的身心特点，因人而异，因材施教，满足不同学生的学习需要。创设能引导学生主动参与的教学环境，激发学生学习的积极性。努力发展学生的聪明才智和个性特点，养成自觉锻炼身体的习惯，使"主动"成为体育教学的核心，引导学生自己去掌握知识、技能，学会锻炼身体的方法，并且实现由"学会"到"会学"的转变，增强学生的学习能力，并使之进行可持续发展。

（六）运用模式，超越模式

在强调模式方法重要性的同时，还应充分认识到模式方法的局限性。其一，模式是在系统分析的基础上抽象和简化而成的，模式一旦构建完成，即具有相对的稳定性。在一定条件下，模式的稳定性会和不断发生改变的系统产生一定的抵触。此时模式就不具备先进的导向性了。其二，构建模式的目的在于在相同条件的区域进行推广，但是，一旦无限扩大模式推广的领域和范围，就会使其与客观实际相脱离，因此模式是不断发展的，模式的推广也是有条件的。适用一切目的和一切分析层次的模式无疑是不存在的，重要的是根据自己的目的去选择正确的模式，并对多种模式进行综合运用。

综上所述，对高校体育教学模式多元化的探析，旨在改变当前高校传统的教学理念，以信息技术为依托，实现体育教学模式的创新。同时定期开展座谈会，提高教师自身的专业技术，创新教学的内容，以此来更好地提高教学的质量。

第六节 体育教学的有效性与正当性

一、体育教学的有效性

我国长期的"应试教育"模式，导致许多学生苦于文化课的学业压力。中学阶段在学生学习生涯中所占比重很高，尤其是高中阶段，学生所要面临的高考让学校把学科的重点教学放在了文化课上，体育课容易被学校忽视，这对于学校的教育工作是不利的。体育课本在学校课程设置中所占的比重较低，在这样被忽视的情况下，如何提升体育教学的有效性，让学生在稀少的体育课中提高身体素质，帮助他们缓解课业压力，激发学生对于体育运动的热爱，这是作为一名体育教师所要探究的问题。

（一）教学定位准确，更新教学观念

在中学教育阶段，家长和教师都把大部分注意力放在学生文化课程的训练上，我们承认文化课程对于学生最后成绩的核心影响，但是不能因此忽略体育教学的重要性。作为一名体育教师，对于如何把控好一节有效的课程教学是有度的，当然教师对体育

课程的重要性定位应该是明确的，体育课程的设置应该是能够体现出学生的自主性、主动性和创造性。不管别人怎样看待体育课程的价值，作为体育教师，应该是明确体育的定位是和其他四育并存，对学生的成长是必不可少的，所以对于那些占用体育课程的现象，应该说不。其次，教师自身也需要去接纳新的教学理念，在观念的调整更新中改进课程教学。教师应该认识到体育教学对于学生提升身体素质的重要性，在体育教学过程中，教师面向的不是个别学生，而是整个班集体，群体性的教学难度更需要考虑全面。根据不同的年级学生的课业压力，教师要调整课堂教学的体能训练要求。教师要转变旧的观念，根据学生的身体素质实况安排教学内容。体育课是开放性的活动课程，但不代表学生就纯自由活动，教师应该保证每节课都提供给学生一些有科学依据的体能训练，有效的体育教学需要教师有意识地去变换教学方式，寻求自己所代表的体能训练要求和学生所代表的运动需求之间的平衡点。在课程实施过程中的实践安排固然很重要，但在此之前，教师要有意识地去规划课程安排，去接纳体育教学中的新鲜观念也很重要。

（二）注重课程训练的科学性

任何一门课程的任课教师都需要专业性的支撑作为提升教学有效性的依据，体育教师也不例外。体育课程和文化课程的不同就在于它的灵活性不确定性因素更高，体育课程很难像文化课程那样去进行详细安排，这就给教学活动带来一定难度。学生离开教室可以有难得缓解压力的时机，但并不意味着体育教师就完全给学生自由安排，怎样把控好学生放松的度以及让学生完成一定量的体育训练，这就能体现出教师的智慧了。

教师除了对体育知识要有系统性的掌握，还要懂得把专业知识结合学生兴趣，科学合理地呈现在教学过程中。例如，教师在正式运动之前，做好准备活动，在选取教学内容时能够考虑到大部分学生的需求。传统的体育课程设置都是以教师诉求为主，现在我们不妨尝试做出一些改变，在进行实践运动之前向学生传授一些体育知识，通过讲解帮助学生即将要学习的体育课程内容有了一定了解，然后可以征询学生兴趣意愿开展体育安排。当然，开展任何一项体育运动之前，教师要对整节课程的安排有科学规划，如本节课程要让学生达到什么程度的体能素质、为了实现这一目标又应该从哪些准备活动做起、中间有需要增加哪些额外的体能训练。体育课的开放性、运动性决定这门学科在教学中对思维训练和肢体训练都有要求，需要教师科学安排课程内容，打破机械式的体育训练，增加课程趣味性，真正让学生在活动参与中体验到体育运动的魅力，只有学生有参与体育运动的渴望，才能激发学生的积极性，努力配合教师的课程教学，从而提升体育教学的有效性。

（三）充分利用教具，有效利用丰富的教学资源

传统体育课程的教学方式就是让学生通过跑、跳等训练机能的发展。随着时代的进步，在各种运动器材的辅助之下，体育课程给学生带来真正意义上的运动体验，也为学生提供更加富有真实感的课程教学体验。信息化时代的到来，使教师可以采用数据汇集的方式，利用丰富的教学资源，帮助学生进行体能素质记录。不定期为学生记录体质测量数据，提高学生对身体素质的关注度，这对于提升学生的课程积极性、专注度是有积极影响的，也可以帮助教师实现体育教学的有效性。

学校体育工作要始终以学生为主体，教师不仅重视学生的文化课成绩，也要看到体育运动对学生的必要性。有目的、有计划地规划教学内容，体育教师应该充分利用教学时间，真正发挥体育课的效用，让学生在体育活动中既能得到放松，同时也会为文化课的学习塑造良好的身体状态。

二、体育教学的正当性

课堂教学不仅应当是有效的，而且应该是道德的或正义的，这是肯尼斯·斯特赖克所提出的有关有效教学的正当性问题。有时候在追求效率、效益、效能的基础上，会忽略对体育教学正当性重视，往往更看重的是成绩、荣誉。人们不会反过来问问："有效的教学是否就一定是正当的教学？"在教学中，教师往往重视那些成绩比较好的学生，对那些成绩差的学生或身体有一定缺陷的学生是不关注的。从整体上看，这样的教学可能会提高效率，但它是正当的吗？在体育教学过程中，教师为了让学生达到预期的结果，以损害学生的身心健康方式，有效地获取了成绩，这样的教学是否就一定是正当的？

（一）正当教学的内涵

正当教学主要是指教学者的教学行为和教学实践应符合人类最基本道德的一种属性。从内容上来看，包括5个方面：（1）正当的教学应当是符合法律要求的，不合法何谈正当？教师在教学过程中应当尊重每位学生受教育的权利。（2）正当的教学应该是平等的。教师要做到一视同仁、平等待人。（3）正当的教学要以学生为中心，要尊重学生，在教学中体现学生的主体性。（4）正当的教学应该是符合道德的要求，如诚实守信、公平正义等。教师在教学过程中要促进学生的道德理念，培养学生成为有德之人。（5）正当的教学应该发挥教师的带头作用，做到宽严有度、松紧有法，才能保障教师的正当性。

（二）体育教学中正当教学的主要原因

1. 一味地提高有效的教学，而忽略了对正当性的重视

教学正当性是教学有效性的前提，教学有效性是教学正当性的核心，两者相辅相成、缺一不可。有些教师一味地按照学校过旧的制度去要求学生，强迫学生去做自己不愿意做的事，最后的结果只会造成学生破罐子破摔，甚至会出现伤害学生的身心发展等现象。比如就《青少年健康体质标准》来说，有关教育部门重视学生的体质是否达到国家所要求的标准，各校必须准确地统计相关的数据，而多数学校为了应付，随意伪造，尤其是农村学校，忽略了有效的正当性。

2. 一味地按预设的结果来教学

教师在安排课时，预期学生在这堂课中所要达到什么目标，早已心中有数。比如，教师在课前备课和准备等这一系列的工作在教学中是不可替代的，但这只是一小部分，它展现出了一种"生成性"，而它的生成性在于预设只是一种构思和可能，在体育教学实践过程中是无法预设的，有可能会出现，有可能不会出现。因为课堂是活的，而不是定性成那样就是那样的。教学的有效性过于注重预设性，而忽略了在教学过程中发生的意想不到的情景，从而一味地陷入机械式的教学观念。

3. 一味地体现出以教师为主要角色

教学活动是教师的教和学生的学双边活动。常常提出"以学生为中心；学生是主体"等话题。从目前教学来看，当运用到实践中去，两者之间的关系还是含糊不清，没有体现出学生的主体性。教师在讲解时，剥夺了学生的发言权利，使学生渐渐形成了没有发言的意识，像这样的教学能体现学生的主体性吗？在体育教学实践中，教师与学生之间、学生与学生之间有语言直接交流的同时，也要有肢体的直接交流，这样特殊的交流会导致教学过程中的随机应变和不可预测性，因此要注重教学的正当性。

三、体育正当教学应采取的措施

（一）保证每一位学生有参与体育活动的权利

体育课程在中小学是一门必修课程，每一位学生都有上体育课的权利。体育教师的职责不是禁止学生上体育课，而是鼓励学生积极参与体育活动。在体育实践过程中，有些学生不遵守课堂规则在课堂上调皮捣蛋或者有些学生身体有残缺，教师为了提高教学的有效性，从而禁止他们参与体育活动。我们应做到：用自己的智慧和良好的教法去吸引学生，对于那些不愿意参与体育活动的学生，教师要积极地做思想工作，多去跟学生沟通；对于那些上体育课有困难的学生，教师要把他们领进操场，让他们观察体育带给人的快乐。

（二）体育教学的正当性要做到区别对待

"区别对待"教学原则在体育教学中尤为重要，因为在同一年级、同一层次的学生在智力方面可能差别不太大，而在身体素质和运动技术方面，却存在着很大的差距，因此会造成学习运动技术快慢的问题。体育教学为了提高教学的有效性，教师对那些学习较快的学生相当重视，而忽略了学习较慢的学生或身体有缺陷的学生，这样的教学方式是不正当的。要根据学生的身体素质和运动技术的能力、兴趣爱好，合理地分组，教师在有效性教学中要确保教学的正当性。

（三）确保以学生为中心的主体地位

在体育教学实践过程中，学生也有自己的观点和主见，教师不要把学生当成是实现某种外在目的的手段。如一些体育教师片面地认为体育课以学生为中心，而自己觉得讲解、示范、传授越少越好，把大量的时间留给学生练习，教师却成了闲人，学生迷迷糊糊地就上完了一堂体育课。我们不能让学生消极、被动地接受教育，而是让他们主动、刻苦、有创造性地去学习。不是说以学生为中心，教师就没有意义了，而是要把两者结合起来，把握好课的尺度，才能使教学达到有效的发展。

第四章 体育运动中的审美

第一节 运动中的身体美

一、身体美概述

古往今来,人们为创造精美的身体艺术付出了浩大的精力。人类对身体美的崇拜和炫耀、欣赏和追求,有着非常悠久的历史。人们对于美的范围有许多分类,身体就是聚集点。对身体美的理解和运用,在一定程度上促进了体育运动的快速发展,体育的竞技活动在现代社会里作为一种身体文化,它的观赏性增强,为此更富于娱乐性。

二、身体美的研究

(一)身体美是运动成果的展现

丹纳在《艺术哲学》中提道:"体育教师是真正的艺术家,不仅把人体练得强壮,有抵抗力,行动迅速,而且要求对称、典雅。"

在历史的长河中,"食草木之食、鸟兽之肉""人少而禽兽众"的情况下,原始人为了求食,求生存,必须走、跑、投、跳、爬越、攀登、游泳。身体是人类最早的审美对象,具有天赋性质的毛发、容貌、牙齿甚至肤色等。在当时的情况下,这些是生活和生产的基本技能,也是最基本的身体活动。

(二)身体美基本要素的研究

强壮美。现代奥林匹克运动的宗旨"更高、更快、更强",反映了现代体育的目的,这种凝结尺度和形式,首要的一个内容就是强壮美。人们在观赏强壮美时,常常产生高大感、惊奇感,从而引起赞叹。从崇高经由壮美的过程凝聚和谐,在突破和谐的过程中追求和谐的结果,因而形成了强壮美。

体态美。黑格尔认为,奥林匹克竞赛中的胜利者在身体方面也具有同样的造型艺术作品形象。关于这一点许多哲学家、艺术家早已注意到,而现代体育的一些项目突出造型就充分展示和塑造了体态美。比例、和谐、匀称、线条的综合效果，应集中体现在造型美上，这些要素对评价健康的身体具有积极意义，是一种健美体魄的积极展现。科学家、艺术家又提出一系列关于人体比例的测量学原则，还有用划分和定性的评论方法，从模糊数学的概率中寻求比例关系。

素质美。素质美是一种潜藏在人体内部的美，是体育美的内在力量，既是获得性遗传因素，也是运动美积淀的成果。

美就是勇敢和力量，如摔跤、举重运动所表现出的力量美，力量美就是运动美的灵魂。耐力美是表现有机体长时间的能力，如一场排球比赛长达四个多小时的激烈争斗，不管在体力上还是精神上，都对运动员提出了较高的要求。对于那些本身就是比肌耐力的项目（如马拉松），肌耐力素质的重要性就更突出了。柔韧是身体关节、肌腱及皮肤等在伸展过程中表现出的曲线变化，如艺术体操项目。

健康美。完善人类自身，在衡量身体美的标准中，始终贯穿着健康的要求，因为体力与精力的状况很重要，尤其是精力，它可反映出朝气、生命力、蓬勃向上的青春活力等。健康是一种生活的状态，是人们的一种心理、精神面貌的综合体现。健康的身体、健康的人格，进行健康的生活、工作、学习，这是当今社会的魅力所在。

风度美。在体育运动中，健康的体魄和人格，使运动员形成某种高尚的气质和优良品质，表现为一种风度。许多优秀运动员身上就具有某种既符合社会规范又具有明显个性特点的风度，如足球的志行风格、乒乓球的邓亚萍作风等，这些都使人们觉得非常美，从而引起人们的欣赏和崇敬。

（三）身体美特点的研究

身体美是过程的终结和产品，是积淀了人的尺度和美的形式。在这里，人的目的同规律的掌握融合在一起，并通过规律的形式显示出人的目的、人的理想美的光辉。古希腊雕塑《掷铁者》被视为人类运动的杰作，表现着人类的一种理想和追求，表明身体美具有典型的形象示范性。

身体美的标准是相对的。身体美，在不同的运动项目中有不同的审美特点和要求，在体育欣赏时就应有不同的侧重点和不同的评价标准。如轻巧项目的体操、跳水运动员，其形体大多是和谐适度、比例匀称，而体能型运动项目，特别是重竞技项目如柔道、举重等的运动员则恰恰相反，几乎个个是肥硕巨大。这就要求人们在欣赏身体美时，除了掌握身体美的概念、特点等美学理论知识之外，还把握身体美特点的评价及它的欣赏特点。

身体美是身体在正常状态下的形式结构、生理功能和心理过程的目的协调、匀称和统一，是自然美与社会美的交叉表现；人的体型，富于创造美；人的肤色，在一定光线作用下富于色调的变换；人的姿态，蕴含着无限的美；身体美是人类进化的产物，是人对自身的认识和评价，对人类的遗传、优生、改良起着积极的作用。

第二节　运动中的形式美

　　形式美是美学教育体系中的重要组成部分，是指构成事物的物质材料的自然属性及其组合规律所呈现出来的审美特性。其最原始的用途是应用于建筑、设计等方面，具有相对独立性的审美对象。随着我国教育事业的不断发展，教育内容得到丰富与拓展，形式美作为一种特殊的教育内容，被融入众多的教育科目领域。

　　体育教学中，美育的任务是培养学生对人体的自然美和社会美的感受能力、鉴赏能力和创造能力，促进学生树立健康的审美意识、审美观念和审美情趣，加速体育教学的进程和任务的完成，以此来达到心身俱健的目的。因此，如何有效地将形式美融于体育教学中，并强化对其重要作用的研究，以期发挥其特殊的育人功效，就显得尤为重要。

一、体育教学形式美的表现形式

　　体育教学中的形式美，主要体现在场地器材的布局、点线面体的设计及队列队形的多样变化等方面。教师通过创设优化的组合对称、多样统一的场地器材布局的情境及队列队形变换的形式美，向学生展示直观感知的形象画面，引起学生的审美注意，唤起学生美的感觉，从而产生美的愉悦，激发审美意识。体育教学中的审美对象是丰富的，其中包括人体美、动作美（动作在时间、空间、力度三方面，由起、承、转、合、止、动静结合，表现出的准确性、协调性、缓冲性和经济性的美好感受）、形式美（整齐美、对称美、平衡美、对比美、和谐美、层次美、线条和圆形美、节奏美等）、教学过程中的行为美。如此丰富的审美对象，凸显出美学在体育教学过程中的重要地位，以及体育教学独特的育美功效。如此众多的审美因素所显现的突出特征如下：皆通过外观与表象来体现美的因素，印证美的特征，唤起美的向往；其内容和形式是统一的，印象特征与体现手段是相容的，符合形式美的特征要求，属于形式美的范畴。

二、体育教学中形式美的构成要素

　　整齐。整齐是形式美最基本的构成要素，以其庄严、雄壮、刚烈、有力、清晰的特征来展现美感。例如，在体育教学中，队列整齐、步伐整齐、动作整齐、器材整齐等。

　　对称。对称是人体健美的基点，而人体健美又是体育教学最基本的目标。因此，对称是体育教学中重要的教学法则，它是强调与规范体育教学的行为目标，促进学生身体的正常发育和对称发展。

平衡。平衡与对称具有相近的意义，对称的事物一般都是平衡的，但平衡不一定是对称的。在体育教学中，通过有效的手段促使相对含义的不对称最大限度地保持相对的平衡，此行为属于审美范畴。例如，动作需保持重心的稳定，达到身体在空间分量上相等，使人心理上无偏轻、偏重、过大、过小之感。

对比。对比与整齐、对称、平衡相比较，显示出生动活泼的审美特征。是通过相对矛盾的因素，由比较过程中所显示出的落差、对立而体现出的美。例如，动作的刚猛轻柔、节奏的迅捷轻缓、"动如脱兔，静如处子"等，无不彰显美的特征，给人以美的享受。

和谐。和谐是对立事物之间在一定的条件下，具体、动态、相对、辩证的统一，是不同事物之间相同相成、相辅相成、相反相成、互助合作、互利互惠、互促互补、共同发展的关系。美是和谐，是人和自然、主体和客体、理性和感性、自由和必然、实践活动的和睦性和客观世界的规律性的和谐统一。在体育教学中，和谐是教学氛围追求的境界，是教学过程理想化的目标。

节奏。节奏是主观和客观的统一，也是生理和心理的统一；是交替出现的有一定规律的有序运动。美是客观的节奏与人的本质力量对象化的和谐统一。在体育教学中，表现为运动中的审美对象的节奏与人的本质力量对象化和谐统一的结果。例如健美操教学，其动作的展现就是靠人用一定的行为规范方式，发出节奏信号来指挥的。节奏的强弱变化使动作的力度产生相应的变化，给人以跌宕起伏的感觉，体验清晰明快的美感。

三、形式美融于体育教学中的重要性

（一）形式美是培养学生审美能力的前提

形式美的自然因素，即色彩、形体、声音及其组合规律渗透到美的各个领域，又通过具体事物的美的形式体现出来。如果没有形式美教育，人们就无法体验到身边丰富多彩的形式美并，形成印象。形式美的培养，是感知与认知的互动过程。人们通过对现实生活中的各种事物的体验形成感知，又在书本上获知形式美的规律形成认知，并将两者有机地融合，才能逐渐培养起对形式美的敏感。如在体育教学中，首先要通过具体的队列、形体去体验蕴含在感知内层的认知形式的意义与内涵。此过程能够有效优化学生对于美的感知积累，使之形成正确的认知理念，提升自身的审美能力。因此说，对形式美由感知发展为认知的过程，是培养学生审美能力的前提条件。

（二）形式美是提升学生审美鉴赏力的重要基础

当学生对形式美达到感知与认知有机融合的程度时，在其欣赏美的过程中，就不会对美产生表象的欣赏，就不会简单肤浅地做出"好看"与否和"像"与"不像"的通俗的评价，而是对具体形象产生一种审美感知，通过形式美分析达到对审美对象意蕴的深层体验、领悟和评价。在体育教学过程中，学生对美的体验往往是通过环境、动作、体态及行为表象等形式入手，形式的美与丑，首先决定了对学生能否产生印象与吸引。形式美本身也有高与低、简单与复杂之分，对形式美与丑的评判，要依靠审美主体的形式感。学生具备了审美形式感，才能真正欣赏形式美。审美形式感的培养，能够提高学生的审美鉴赏力，使他们能够欣赏美、认知美的真谛，并通过对美的欣赏与审视，规范自身的行为。

（三）形式美是创造体育教学美的重要条件

形式美在体育教学美的构建过程中具有促进作用。在体育教学过程中，形式美与教学行为的联系最为密切。在学习过程中，学生越来越重视形式与审美的结合，对形式美的运用日趋广泛。形式美教育的作用，在于帮助学生了解并运用形式美的规律，在学习与生活中发现美、创造美，丰富美的含义，构建美的氛围，进而在体育教学中形成与发展美。

形式美是丰富体育教学文化的重要手段。体育教学文化是对体育教学的思想、理念、内容、方式、方法、行为意识的概括与总结。形式美在体育教学中得到充分的体现，既凸显了体育教学特有的育美功能，也拓展与丰富了体育教学的内涵。因为形式美体现在体育教学的各个环节之中，对学生的审美意识会产生潜移默化的影响。而在体育教学过程中，有效地融入美学的内容，既迎合了时代发展的需求，也使体育教学的内容得到切实的丰富，体育教学不再呆板而枯燥，而是充满情趣与意味；不仅可以调动学生学习的积极性，提高学习成效，同时还可以帮助学生正确地把握体育教学中的形式美，理解形式美中所蕴含的文化内涵，进一步拓展文化视野，充实精神生活，提高审美素质。

形式美对学生在体育教学中的审美态度产生积极的影响。体育审美教育包括对审美创造力的培养。审美创造力是一种表现美、创造美的能力，培养和提高审美创造力是体育审美教育中更为重要的任务。培养审美创造力的关键是想象力，想象力在审美体系中是必不可少的组成部分，想象能力的高低直接影响着学生的审美态度。而体育教学的育美目标就是切实有效地培养与提高学生的审美创造力。因此，在一定意义上讲，对学生审美创造力的培养，就是要规范与端正学生的审美态度，而形式美在体育教学中的重要作用，也恰恰决定了形式美对学生审美态度的重要影响。

教学是一门艺术，体育教学更具有独特的艺术性，并蕴含着丰富的育美功能。通过体育教学中所蕴含的审美教育，以形式美的手段，激发学生在学习生活中的审美意识，端正与规范审美态度，提升审美能力，使之对美产生正确的理解与认知，对于完善学生的人格、提高学生的综合素质、丰富学生的人生内容，具有积极的促进作用。

第三节　运动中的人文美

在大学的四项主要职能中，人才培养和文化传播都与一所高校的体育人文环境有着密切联系。在优秀人才的培养中，德、智、体、美四维之中，体即一端。"身心俱健"的要求需要体育教育和体育活动来保证。在优秀文化传播中，"终身体育"的意识正在逐步深入人心，作为社会先进文化辐射源的大学体育文化与各项体育活动对社会起着示范和引领的作用。随着青少年体质健康工作日益受到重视，各高校正在将体育人文环境的创设与优化作为改善学校品质、打造学校文化特色、提升学校综合实力的重要内容。

近年来，随着各高校办学条件的改善及新一代青年大学生成长成才的迫切需要，体育工作正在越来越多地进入高校管理者的视野。营造独具特色的体育环境，不断活跃大学生体育生活，深植"终身体育"的理念，不但成为越来越多高校的实践内容，而且正为学术界所关注，对"体育人文环境"的解析与探究也不断深入。

按照哲学的释义，环境是与某一中心或主体相对的客体，即与某一种事物有关的周围事物，就是这个中心事物的环境。通常认为，体育人文环境指的是，校园体育传统和风气、体育课堂教学气氛、体育课堂常规、校园人际传播和课外体育活动等构成的具有熏陶、激励作用的体育要素的总和。

本节以河北省六所省属高校为调研对象，面向学校有关职能部门、体育教学部（院）及部分师生发放调查问卷600份，回收595份，且进行了信度、效度检验。同时与103位干部、体育教师等进行了电话访谈。经过综合分析，形成如下思考。

一、高校体育人文美的多重作用

人是体育运动中的主体，人们依据一定的目的和价值判断，选择一定的运动形式和组织方式，使自己（个体或群体）的身体运动起来，从而满足身心的某种需求，并使作为客体的自身自然发生改变。人文环境是校园体育的隐性因素，其作用丝毫不亚于体育硬件环境。

对于培养"身心俱健"的优秀人才起着支撑作用。合格人才的一个重要评价维度就是"身心俱健"，而其首在肌体强健、体能充沛。《奥林匹克宪章》指出："奥林匹克主义是增强体质、意志和精神并使之均衡发展的一种人生哲学。"现代体育的发展不断证实着这样的观点，即心灵的发展与肉体发展的辩证统一关系，身心和谐、统一才是真正健康的标准。如果终日埋头书桌与实验室，只强调智力学习，缺少体育锻炼，不懂科学健身，难以担当大任。营造浓厚的体育人文环境，让学生置身其中受到熏陶，时时享受着体育带来的乐趣，领悟体育独特的健与美，感受体育精神和体育文化，自觉地追求更快、更高、更强的人生境界，能够增强抗挫折、抗失败的能力，增强团队意识和合作精神，能够极大地唤醒人的潜能、激发人的活力，始终保持健康、阳光、向上的积极状态。反之，则只会老气横秋、死气沉沉。

对于凝练"阳光健康"的校园文化起着核心作用。体育集中体现了人类的进取精神、理性精神，承载着诸多文化元素。而人的发展包括两个方面，一个是"自然之人"，另一个是"文化之人"。人的身体则是自然与文化的统一体。作为培养社会适用的合格人才的大学，衡量其办学实力，校园文化是一个重要标准。作为富有特色的校园文化一个评判指标，"阳光健康"的文化需要体育工作给力。具备完善的体育工作制度，有较大的体育运动人群，有条件完善、设施完备的体育运动场馆，各体育社团组织活跃，定期举办综合运动会、单项运动会，有能够吸引师生的品牌特色体育活动，是校园文化的重要组成部分。置身这种文化氛围中，每个人都能享受到丰富多彩的课外生活，用体育充实自己，自由快乐地成长，并潜移默化地成为这种文化的参与者与创造主体，能够使学校更自豪地向社会展示竞争力。

对于培育"终身体育"的社会风尚起着示范作用。体育作为一种内涵深刻的社会文化活动，已经演进为一种独立体系的文化形态，并正在广泛而深刻地影响着人们的社会生活。因为在个人与社会的互动发展中，人类只有通过自己健康的躯体才能走向精神世界的充盈与丰满。从这个角度说，作为一项终身事业，体育展现着社会的文明程度。大学作为先进文化的集聚地和辐射源，对形成"终身体育"的社会风尚起着引领作用。发挥大学体育专业人才的知识创新作用，不断探索体育健康精神的内在规律和有效方法，通过丰富多彩的体育活动和社会实践传播先进理念、传授新知新法，能够引导全社会追求健康生活方式。同样，大学中体育活动的赛事组织、运作模式、管理方法对各种社会组织和单位也起着示范作用。大学培养的学生带着对体育的认识与理解及养成的体育习惯步入社会，更能直接带动"终身体育"意识的生成。这些都有赖于高校自身良好体育人文环境的滋润涵养。

二、高校体育人文美的现实呈现

通过对调研和访谈的深入分析发现，在教育行政主管部门的组织推动下，部分高校日益增强优化体育人文环境的主动性，既有实践成果也有一些亟待解决的问题。

（一）优化体育人文美的实践举措

体育活动的"顶层设计"思路日益清晰。在广泛征求各高校意见的基础上，教育主管部门已经提出《学校体育三年行动计划（2013—2016）》《深入开展"阳光体育活动"的实施意见》等指导文件，明确规定了各高校开展学校体育工作的总体思路、活动规划及具体措施等,并明确了深入开展"阳光体育工程"的具体要求,将大学生体育俱乐部、普通学生体质监测、开足上好体育课、建设高水平运动队、提高竞技水平、增加体育健身人群、开展特色比赛活动等作为工作重点。特别是随着校园足球工作得深入开展,加强"顶层设计",启动专项培训,利用高校体育专业的优势推进体育教学深化改革。更为现实的是,随着"健康中国"理念的逐步清晰,各高校正在逐步加大体育工作的比重,将配备专职管理人员、制定相关专项工作计划、培训专业(专项)技能等工作摆上日程,定期研究、重点督导,各学校正在采取积极措施落实这些要求。实践证明,清晰的设计思路为各高校优化体育环境、浓郁体育氛围提供了有力指导。

大型综合赛事持续举办。四年一届的全国大学生运动会,各单项的全国大学生不同级别的赛事活动,各省市大学生运动会等,所设项目逐渐增加,在校大学生参与程度逐步加深,成绩不断刷新。承办大学生运动会的各高校,在建设体育场地设施方面也都投入了大量资金,为"后大运会"时代留下了更多的体育运动空间,使各高校开展体育教学及课外体育活动有了更好的保障。以河北省高校为例,各单项比赛连续开展,其中大学生足球联赛、大学生健美操、啦啦操比赛、少数民族学生运动会等,参与初赛的队伍连年增加,氛围日益浓厚,学生的积极性和热情高涨,比赛成绩也有不同程度提高。此外,各高校为了取得更好的运动成绩,都不同程度地加强了体育师资队伍建设、运动队建设,提高了训练水平,吸引了越来越多的在校学生参与体育活动和训练,形成了较为固定的体育人群,进一步强化了高校体育活动的良好氛围,有力带动学校体育工作不断深入开展。

校园新兴体育特色项目不断涌现。据有关研究成果表明,在高校所设的体育课中,传统项目比较齐全,包括篮球、足球、排球、羽毛球、游泳等近20项。近年来,在传统运动项目的基础上,适合青年大学生的健美操、轮滑、跑酷、瑜伽、定向越野、心理趣味运动、各种拓展运动项目逐渐引起更多学生注意,选课率不断提高,参与热情不断增强,激发了更多大学生参与体育活动的兴趣。

公共体育教育教学质量较高。据调研统计,各高校普遍开设有22门左右的公共体育课程,大学一、二年级均设有体育课,三、四年级和部分研究生班级开设有体育选修课,平均课时在16~20学时,教学内容中涵盖有氧训练、体质达标测试专项训练、各运动项目的理论与技能以及裁判知识等。各高校在提升公体教师能力方面也组织开展了很多创造性的工作。师资队伍的结构也发生了很多积极的变化,一批年轻教师加入公体教学队伍,学历结构不断提高,拥有博士、硕士学位的人员占有一定比例,他们的理论和技术功底也比较扎实,有的还可以一人兼开2~3门课程,给了学生更多的选择,受到在校大学生的欢迎。

各具特色的体育第二课堂蓬勃开展。只靠课上时间进行体育教学,远远不能满足学生的需要。大力组织开展体育第二课堂活动,已经成为许多高校的自觉行为。据调研，在高校中普遍开设有体育文化节、体育俱乐部、心理趣味运动会等，将传统的春、秋季田径运动会改设为时间跨度更长的体育文化节，来丰富组织形式和内容，将系列体育活动与主题体验活动有机结合，在一定时间内营造人人参与体育活动的浓厚氛围，带动更多的学生投身其中，效果十分显著。另外，还有不少高校利用自身有体育专业的优势，发动体育专业师生带头，组织非体育专业学生，将有兴趣的学生组织起来成立体育单项俱乐部，旨在吸引更多的学生参与到体育活动中来，让更多的人享受到运动的乐趣。

（二）优化高校体育人文美的现实困境

在访谈和调研中我们发现，大学生对体育活动抱有浓厚兴趣，对学校优化体育环境提出了很多建议，这也从一个侧面印证了高校还有许多需要改进的问题。

校际不平衡现象突出。主要表现为开课门数不一、自主选课的实现程度相差较大，有的能够给学生提供"菜单式"的选课，有的只是在有限的几门课中指定，学生的选择余地很小。此外，在课外体育兴趣组织方面，有的组织健全、制度完善、活动效果好，个别设立了20个俱乐部以上且运行效果较好，而有的甚至还不知道什么是体育俱乐部。在硬件建设上，有的投资建设力度很大，各种体育场地设施比较完善，而有的则捉襟见肘，个别甚至只要一有风雨就停上体育课，根本谈不上满足学生不断出现增长的体育活动需求。

舆论宣传氛围还不浓厚。主要表现如下：一是缺乏科学的健康健身知识宣传，有的高校虽然有体育专业，但根本没有形成科普宣传的系列活动，更缺乏这方面的整体策划与设计；二是现有的宣传报道内容流于面上形式，举办的活动仅限于"留个影、留个新闻"，缺乏深度挖掘报道，特别是对其中突出的人和事以及背后的故事缺乏整理和开掘；三是对体育精神和体育文化缺乏宣传，对博大精深的体育道德、体育文化、体育法律等知识成果宣传普及不多，在深入人心上做得还远远不够。

持之以恒的耐力不足。"说起来重要、忙起来不要"的现象仍然不同程度存在。有的高校设有"体育文化艺术节""体育活动月"等，但仍存在一阵风问题，热闹一阵、冷清半年，学生体育社团组织或体育俱乐部有了比赛或专项活动才突击训练，平时则很少活动。有的高校在迎接专项评估或检查时才临时抓一抓体育工作，有的在学生体质健康标准测试工作中存在拼凑填报数据的现象，没有起到真正增强学生体质的作用。在体育经费投入、列入工作计划日程等工作中也存在着"长久抓、抓长久"不够的问题，在很大程度上制约了高校良好的体育工作氛围营造。

挖掘体育资源欠缺。很多高校仅凭自己的体育教师开课、训练或课外指导，普遍缺乏挖掘、整合校内外综合体育资源。如那些建校历史较长的高校都拥有宝贵的体育史、体育人物资源，特别是其中蕴含的人文教化、思想启迪的资源，各高校普遍挖掘不够，基本没有形成系统的师资资料，更缺乏开设这方面的校本课程。再如，具有地方特色的传统体育文化资源同样缺乏深入的挖掘整理，很多学生不清楚、不了解这方面的知识，没有形成激励效应。

此外，对体育教师地位的重视程度，对体育课程的教学规律和教学改革的深入研究，对体育工作的综合策划与设计能力等，各高校也都存在着不同程度的现实瓶颈问题。

三、创设良好高校体育人文美的总体思路和对策建议

创设高校良好的体育人文环境，是一项综合性很强的工程。要按照"四个一"的总体思路进行建设，即要设计一套基于学校自身实际的体育人文环境制度，要形成一套大学生体育活动设计的"组合拳"，要建设一支技术和理论"双过硬"的师资队伍，要塑造一个有利于体育文化广泛传播的校园氛围。

（一）系统抓好校园体育文化活动的顶层设计

在学校体育运动委员会的统一领导下，认真研究学校所处的地域、历史及学生特点，按照学期、季节等不同时间段，综合设计出一整套由固定内容与灵活机动内容相结合的校园体育活动的制度方案。方案中要明确主办单位、特色活动内容、学生参与方式、组织管理制度以及经费来源渠道等具体内容。同时，要兼顾到学生的性别结构、兴趣要求，确定不同项目的比重，即"量身定做"型的方案设计也要做整体考量。要将教务处、学生处、团委、后勤各部门及各学院（系、部）学生工作队伍吸纳进来，明确其职责，要让相关职能部门都清楚什么时候应该做什么，在学校体育活动中扮演什么角色，改变目前"谁都有份、又谁都不清楚干什么"的窘况。更进一步的是，要将"每天一小时"课外体育活动时间纳入学校工作整体考虑，力争做到全校的课程安排体育优先，切实保证师生每天有共同的时间在操场享受运动的乐趣。同时，还要求各高校要对体育工作建立定期会商制度，将学生体质健康情况、体育活动时数、体育教师工作动态、教学检查评估数据、教职工健康状况等形成专题报告，供学校科学决策、指导体育工作提供参考。

（二）精心编排学生喜爱和适用的体育内容

体育是全面开发人才智力的强大动力。体育活动本身就是体力和智力相结合的综合身体活动。体育内容的综合设计就显得十分重要，要使学生掌握一定的体育知识、技术和技能，学会锻炼身体的科学方法，养成经常锻炼的习惯，提高自身的文化节素养，有利于体育内容的科学设计。这主要包括两个方面。一要开足体育课程。目前有些学校只开设了部分体育课，教学内容比较单一，学生选择余地不大。要将教育部明确规定的公共体育课程足额开出，给不同年级、不同身体状况的学生充分的选择权利，对体质不佳或有特殊情况的学生开设体育保健课。授课内容要灵活多样，采用模块化

设计，比如可以将重大赛事的视频观赏纳入等。二要开展丰富的课外体育活动项目。有的高校拥有独特的体育传统，如一些少数民族项目、传统武术项目等，要因势利导，形成自己的品牌特色体育活动。有的高校女生偏多，可多组织开展健美操活动，形成声势，带动更多学生参与。还可以将体育与心理趣味活动、文艺演出、对外文化交流等结合起来，做到每周、每月、每学期都有特色内容设计，力争使每个学生都能参与到1~2项体育活动中，持续地活跃校园体育氛围。

（三）深化健康体育课程模式的教学改革

作为与德育、智育、美育相并列的一维，体育教育同样是一门科学。体育的课程内容、目标设计、教学过程有其独特的内在规律。而现实是，体育的教学效果差强人意。上课整队、安排见习、教师示范、学生练习、纠错强化等环节似乎更加强调的是模式化、程序化，而往往这样的一节体育课带给学生的体验和感受欠佳。运动负荷、运动强度、运动密度在体育课教学中经常被种种理由忽视。"很少出汗"或"一节课下来手脚都还是凉的"是不少学生的感受。本应十分活跃、兴致盎然的体育课上的循规蹈矩、暮气沉沉。这种现象亟待改变。要充分合理地利用好90min的上课时间，科学合理地划分教学时段，加大教学过程中运动负荷和运动强度的设计，使教学基本部分在较高强度和较大频率中完成，学生静止下来听讲的时间要尽量压缩，采取教师整场巡视指导的方式解决示范纠正的问题，使学生心率达到130～150/m的时间占到2/3左右。同时，要合理设计教学内容，将运动讲解与技能应用、比赛实战等结合起来，一方面活跃课堂氛围，另一方面达到增大运动量的目的。总之，要让体育课变得动感十足、活力十足、魅力十足，让学生在"满头大汗"和"气喘吁吁"中对体育课恋恋不舍。

（四）建设综合素养更高的体育教师队伍

高校体育教师队伍普遍学历、职称层次偏低，有的数量严重不足、有的年龄老化，亟须加强建设，既保持良好体能，又做到一专多能。既有精湛技术，又有理论素养，让体育教师成为学校里一道亮丽的风景线。特别是要加强体育教师的人文素养，这是让学校体育文化氛围浓厚起来的重点。在教师着装、仪态举止等方面加强培训，展示出体育教师应有的特质与内涵，用体育人特有的"精、气、神"去感染熏陶学生。要通过组织教学技能展示、说课比赛等形式，引导他们深入探究体育教学规律，不断改进教学方法，增进教学效果，不断提高教育教学能力。要通过组织现代健身知识理论的学习，帮助他们更新知识，掌握最新的体育科研进展，促进教学向科学化的方向发展。要通过组织体育人文知识的专项培训，如学习各项目发展史、体育名人、趣味体育、比赛鉴赏评判知识等，促进他们全面发展，做到"既会示范体育动作又善讲体育故事"，既生龙活虎又文质彬彬，彻底改变以往人们对体育教师"四肢发达、头脑简单"的不良印象，用专业技能和人文素养激励带动青年大学生热爱体育，养成"终身体育"

的习惯。

（五）鼓励支持建好大学生自主体育组织

青年大学生追求自我发展、渴望自主成功的内在动力强大，而体育能够给他们提供极好的平台。我国现代教育的伟大先行者蔡元培就认为体育为健康人格之首。他说："夫全面人格，首在体育，体育最首要的事为运动。凡吾人身体与精神均含一种潜力，随外围环境而发达，有障碍则萎缩矣。"大学生自我教育、自我管理能力较强，要鼓励他们从兴趣和爱好出发以多种形式自主开展体育活动。目前许多高校选择以大学生体育俱乐部的形式，即通过体育教师的指导，将喜爱某一项目的学生组织起来，采取以老带新的方式，定期开展训练、比赛、展示活动，也可以用实践学分、评奖评优加分等方式予以鼓励和支持。特别是一些趣味性、挑战性强的项目，如跑酷、花式球类、长途远足等，只要是学生喜欢尝试和挑战的，都可以采取俱乐部的形式开展起来，再带动更多人参与。另外，如发挥体育专业学生作用，组织"早操一对一"活动，即一个体育专业学生带动一个班（组）非体育专业学生出早操。再如，鼓励支持有条件的大学生体育自主组织有序参与社会竞赛、展示活动。另外，还可以通过俱乐部形式组织熄灯前半小时慢跑、周末健步走、体育趣味知识竞赛等，让学生自由选择、自主安排，充分享受体育运动的乐趣，促进德、智、体、美全面发展。

本节在深入调研高校体育工作的基础上，从现实性、系统性、实践性的角度，客观分析了体育人文环境创设过程中的现状，找出了存在的问题，并试图从实际操作的角度，提出优化高校体育人文环境的总体思路及具体对策，着重从顶层设计、师资队伍、活动内容、组织方式、特色开发等五个方面进行了阐述。其目的就在于，紧紧抓住体育事业发展的历史机遇，主动发挥高等院校的引领、示范作用，以在校青年大学生为对象，以优化体育环境氛围为切入点，进一步完善高校管理者在体育工作上的主体功能。

第五章 体育审美教育

第一节 学校体育中的审美教育

体育是一种通过身体活动而进行的教育,美育即审美教育,也称美感教育。体育和美育都是社会文化教育的重要组成部分,均属于社会现象,它们之间是有机联系的。体育主要是锻炼人的健壮体格,美育主要是培养人的审美能力。在学校体育中有许多美育的因素,这些因素在教育学生方面可以发挥巨大的威力,但这个问题至今却尚未引起学校广大体育教师的重视,因而在这方面的研究成果也较为鲜见。为此,本节试图运用文献资料法、归纳演绎法,并结合自身的体育教学实践进行研究,提出个人的浅见,为推动学校体育中审美教育的研究起点提供参考。

美育就是使人通过对美,尤其是艺术美的感知,帮助人们树立正确的审美观点和审美标准,培养高尚的审美情操,从而激发人们在生活中创造美好事物的热情和力量。就其性质来说,它是一种以培养人们美好心灵为主的情感教育,学校体育中美育的内容十分丰富,而且涉及的领域非常广泛。从美学的视角来说,学校体育中的美育主要是指协调健壮的身体,匀称的体态,有力的、娴熟的、敏捷的和优美的动作,以及开朗的胸怀、坚毅的性格、高尚的情操。

一、体育运动是美的运动

(一)体育运动塑造人体美的功效

著名美学家罗丹在《艺术论》中指出:"美是到处都有的。对于我们的眼睛,不是缺少美,而是缺少发现。"同时,他还进一步指出:没有比人体的美更能激起富有感官的柔情了。那么,人体美有什么标准呢?从体育美学的观点来看,人体美指的是人的形体美,主要包括两个方面;一是体型美,即人体各器官和谐的比例;二是姿势美,即人体器官的协调状态。人的形体,在一定程度上取决于先天的遗传因素,然而,起决定性因素的是后天的体育运动,以及合理的饮食营养等。体育运动是促使人的形体趋于完善的一种最积极、最有效的手段,是塑造人体美的有效途径。

（二）体育运动是美的运动

运动是生命的表现，是人体本能地反映，在体育运动中人体美能得到充分的展现。美具有形象性、感染性、社会性和新颖性。体育运动不仅符合美的本质特征，体育运动的过程更是美的展现，当我们看到运动健儿那种健壮优美的形体、机敏灵活的动作、和谐舒展的造型时，会使我们获得美的享受、美的感染和美的熏陶；当我们看到运动健儿那种顽强拼搏、团结友爱、胜不骄傲、败不气馁的优良作风时，我们的精神境界会得到升华；当运动健儿经过顽强的拼搏，获得优异的成绩，为祖国争光时，我们的民族自豪感会油然而生；当我们亲自参加体育运动，从中体验到运动的美妙愉快时，我们的心灵会产生一种愉悦的快感。可见，体育运动是美的运动。

二、学校体育中美育的功能和表现形式

学校体育中美育的功能表现在培养学生健康体魄上：通过科学而系统的体育教学和课外体育活动，可以促进学生集体的健美发育，从而获得匀称的体型，优美的姿态。坚强的骨骼、发达的肌肉、秀美的皮肤和健康的气色，使体格塑造得更加健美。这种美是广大青少年健康成长的基础，是人类的共同愿望，也是社会物质文明、精神文明和政治文明不可缺少的重要组成部分。虽然人的体型与先天的遗传变异有很大的关系，然而，通过科学而系统的体育教学和体育锻炼是可以得到改善的。现代人体研究表明，长期坚持科学的体育锻炼，对人的肌肉、骨骼会产生良好的影响，能使人体格健壮，形体健美。

身体健美是学校体育中美育的具体表现形式。美都是以具体的形象来表现的，体育中的美主要是通过人体这种具体形象来表现的。马克思主义者认为美和丑是相对的，美是由"劳动创造"的，是人的本质力量的"对象化"。但是由于客观条件的限制，人体的自然美还无法充分地发展和自由地表现出来。而通过科学的体育锻炼，则可以使人体的自然美得到充分的发展。

学校体育中美育的功能表现在对学生心灵美的教育上。内心世界的美，也称为心灵美。学校体育中的审美教育，既不同于政治理论教育，也不同于一般的思想政治工作，它主要是通过对体育美的感受、认识和理解，从而感到愉悦，从愉悦中受到美感教育。一次高水平、高风格的运动竞赛实际上也是一次生动的审美教育课。学校体育中的审美教育不同于一般教育的根本特点，在于"寓教于乐"，它是通过生动、鲜明、具体的形象来激荡学生的情感、产生情感的共鸣。它不是靠说理教育人，而是靠形象来打动人，使学生在参与体育和观赏体育中不知不觉地受到美的感染、美的熏陶。

体育作为社会精神文明的有机组成部分，其参与体育运动的本身就是一种高尚的社会文明活动，不论是直接参加者还是观赏者都能得到精神的调节，使人的身心得到

愉悦，情操得到陶冶。

学校体育中的美育是充满着多种艺术美的人体运动。有许多体育运动项目都有它鲜明的艺术内容。例如，艺术体操、健美运动、武术、太极拳、木兰拳、花样游泳、花样滑冰、跳水等，运动健儿所表现的各种各样的动态，优美动作的形态，以及各种动作之间和谐的编排组合，往往综合了美术中的造型艺术、音乐中的音响艺术、舞蹈中的形体艺术等多种艺术因素，通过人体运动这种独特的形式表现出来，给人以优美、清晰、和谐、对称、惊险的印象，使观赏者获得美的享受。

体育中的艺术美是与精湛的体育技艺紧密相连的，是各种动作艺术高度娴熟的表现，它与身体美、心灵美相辅相成，形成了运动健儿的完善形象，给人以体育美的感受。

此外，体育教师在学校体育教学中的组织教法、体育场地的设计与建筑、运动服装的设计与色彩、运动场地的布置等，都包含了大量艺术美的因素。

三、学校体育教学实施审美教育的可能性

学校体育教学和审美教育尽管在培养目标、教育媒介和教育手段方面各有其特点，从而形成各自的教育体系。然而，它们之间又是相互交融、相互渗透、互为手段、互为目的的。体育教学和审美教育作为完善人格结构的整体进程中的两种教育形式，存在着密切的联系。

审美教育在于完善个体审美心理结构，通过审美感知力、想象力、理解力的培养，即通过审美能力、审美情趣和审美理想的培养，以塑造情感和心灵，旨在提高学生整体素质的融合教育。真正的审美教育是将美学原理渗透到各个学科教学的教育。审美教育以人为本，以人为出发点和归宿。

体育教学是以身体活动为媒介，以发展、改善和提高人体的形态、结构、机能和心理健康为主要目的的。体育教学作为学校体育的基本形式，它的教学原理、教学内容、教学形式和教学方法等，都是遵循教育学原理的。体育教学作为一种特殊的人体教育，既要遵循共同的教育规律，又要有自身独特的规律，它不仅承袭了生命最本质的特征——活动，而且集科学性、系统性、活动性、趣味性和丰富的美学因素于一体。体育教学除了具备体育运动所特有的健康、强壮、力量、速度和灵敏等法则外，还具有节奏、比例、均衡、韵律等法则，可以说体育教学是自然美、艺术美和人体美的有机统一。体育教学本身就包含着美的表现、追求和创造；而审美教育中含有大量人体美、健康美、姿态美、心灵美的内容，在体育教学中不可避免地有审美教育的参与、交融和渗透。因此，在学校体育教学中实施审美教育是可行的。

四、学校体育教学对学生进行审美教育的主要途径

作为广大体育教师来说，在明确美育的本质、特征、功能、表现形式以及在学校体育中实施审美教育的可能性之后，在体育教学中就应当重视审美教育，通过体育教学的各个环节用美感教育来开阔学生的胸襟，陶冶学生的情操，有意识地发展学生感受美、观赏美、表现美和创造美的能力，以促进学生德、智、体、美诸方面的和谐发展，不断提高体育教学质量。那么，在学校体育中如何进行审美教育呢？

（一）运用情感引导学生认识美、感受美

美育的主要优点是激发、顺应人的本性和内在个性兴趣，较少采用约束、强制手段，主要运用美的事物、美的形象唤起人们内心的共鸣，使情感的享受深化到理念、信念、意识和品质中去，内化为人们的素质能力。因此，教师在体育教学中不在于训诫说教，而在于感化，这是一种因被感化者无私而发出，并采取逐渐积累和自然而然的方式。情感教育在体育教学中有很重要的作用，在教学中教师应当有意识地感化学生，运用美的形象来提高、激发学生的认识和热情。这样，可以让学生认识体育教学活动中存在的美，在认识美、感受美的同时创造美。

（二）要注意教师自身的教态美

在体育教学中教师要注意自身的体态、仪表、神情、举止，力求教态美，给学生树立一个形体美的楷模。因为，在体育教学中学生直接感知的对象是教师，而青少年学生正处于长身体、长知识的时期，求知欲和模仿性较强，所以教师的体态、仪表、语言、举止、精神等对学生都会产生潜移默化的影响。比如，不论在炎热的盛夏或严寒的隆冬，教师在体育教学过程中都能保持坚定、沉着的精神风貌，穿戴整齐，美观大方，富有朝气，教态自然，和蔼可亲，那么教师本身的活动就成了学生审美的对象，必然会给学生留下威武、朝气和健美的形象，成为学生形体美和心灵美的楷模。

（三）要注重讲解语言和示范动作美

在体育教学中，教师讲解的语言声调要抑扬顿挫恰当，轻重缓急适中，而且要力求简明扼要，条理清楚，生动形象，饶有风趣；再加上准确、优美、娴熟的示范动作，就必然会引起学生由衷地钦佩和赞美。这样，在学生的知觉、意向中就会产生连锁式的心理反射过程：欣赏→羡慕→向往→实践，从而获得良好的审美教育的效果。反之，如果教师在讲解时层次不清，平平淡淡，拖泥带水，枯燥无味；示范动作马马虎虎，无精打采，既不准确，又缺乏美感，那就必然会影响学生学习的兴趣，而且难以学会正确、优美的动作技术。

(四)要讲究教学方法美

在体育教学中，教师对教学方法的选择和教学手段的运用，要注意新颖多样，丰富多彩，既要有针对性，又要有艺术性和趣味性。例如，课堂队列练习的图案要精心设计，而且要经常变换，力求形式多样；准备活动的练习动作要优美大方，这样，学生在练习过程中就会感到练而不厌，学而不倦，而且在实际练习中可以得到感受美、欣赏美和表达美的目的。又比如，教师对学生的站队应有严格的要求，纪律严明，整齐划一；要求学生在练习和比赛中要勇敢顽强，坚韧不拔，互相学习，团结协作，胜不骄傲，败不气馁，这也是一种心灵美的教育。

(五)要注意场地器材布置美

因为体育教学不同于一般文化、理论课程的教学，其教学活动主要是在运动场上进行身体练习，运动场地和器材是构成体育教学的一个重要因素。因此，教师在上课之前应当根据教学内容和要求，把运动场地设计得美观大方，视线清晰；器材布局要有美的观念，图形新颖，雅观醒目，给学生以美的感受。这样就会使学生对体育课程的学习产生浓厚的兴趣，达到跃跃欲试，自觉积极地进行练习的目的，从而收到良好的教学效果。

总之，学校体育教学中对学生进行审美教育的形式多样，内容丰富，可以说没有一项体育运动不闪耀着身体美、心灵美和艺术美相互辉映的光芒。只要体育教师勇于实践，充分发挥教师在教学中的主导作用，就会使体育教学成为一个感受美、表现美和创造美的过程，整个教学活动就会显示出美的魅力，成为审美教育和素质教育的大课堂。

第二节　竞技训练中的审美教育

站在时空视角来审视竞技体育便不难发现，它在不同时期、不同国家和区域表现为不同的存在形态，进而显示出其存在与发展的多样性特征。然而，当今竞技体育如何成为全世界共同的文化财富？竞技体育如何让不同国度、不同风俗与习俗的人们聚在一起且遵循同样的运动法则？为何世界上不同种族、国家与民族对竞技体育都怀有同样的情感？可见，竞技体育的多样性之中又包含着同一性特征。如果对这些问题深入分析，便会触及美学中的一个重要范畴——"审美共通感"。关于"共通感"，历史上诸多哲学家和美学家对此都做过论述，综合他们的观点，共通感即为"共同感觉""共同意识"或"一致意见"，同时共通感又指能够超越个体的自我界限而与他人理解沟通的感觉。作为共通感的一种，审美共通感则是一种关于审美的内在精神特质，是在具有普遍性主观情感基础之上所形成的共同的社会性审美情感。面对竞技体育的多样性与同一性之间的逻辑关系问题，对竞技体育审美共通感的剖析无疑是一把值得尝试的钥匙。事实上，从对竞技体育的外在表现与内涵剖析之中就可看出其中所蕴含的深厚而丰富的美学思想和审美价值。在国内外一些哲学家和美学家的游戏理论中，也常能看到竞技体育的影子，有的理论在认可竞技体育为一类"游戏"的基础上，直接或间接地将诸如自由、秩序和崇高等审美元素赋予竞技体育作为其内在规定，竞技体育的这种"审美游戏"性质，同时也是其展现出天然亲和性的审美共通感之最初缘由。共通感作为一个哲学概念虽古已有之，但该概念进入审美研究领域却是近代的事情，对于竞技体育的美学研究则是更晚一些的事情，而竞技体育的审美共通感即使在当今也鲜见其研究。竞技体育审美共通感的研究，对于深化美学理论研究以及进一步拓展竞技体育理论内涵都有着较为重要的价值。不仅如此，审美在重建现代社会公共精神中受到了特殊的重视，而竞技体育的审美共通感可以作为竞技体育群体的一种公共社会的心理资源，进而具有较为重要的公共文化和政治文化意义。

一、竞技体育的游戏内核及其审美共通感的展现

（一）游戏共通感的内涵

"共通感"概念古已有之，柏拉图认为共通感是人类灵魂家园的追忆；亚里士多德认为，我们具有一种共同的能力，它能感觉共同的事物，并且并非偶然的感觉；维科认为，共通意识是一个阶级、一个人民集体、一个民族乃至整个人类所共有的不假思索的判断；黑格尔认为，共通感是指那种导致共同性的感觉；康德真正将共通感引入美学领域，凸显一种"审美共通感"，并将共通感定义为一种"导致共同性的感觉"。从这些论述中可以看出，共通感即在现实生活世界之中人们的"共同感觉"或"共同意识"，体现为人们所共有的一种普遍的能力。

作为一项普遍令人感到自由而愉悦的活动，游戏的时空性特征与共通感的普遍规定相契合：其一，从时间视角来看，游戏从古至今始终与人类活动相生相伴，尽管人类的生活方式与个体审美情趣千差万别，但正如维科所讲，共通感乃是人们通过社会生活的共同性而获得一种"风俗"或"习俗"，体现为一种范围较大的、无意识的和共同的主观情感；其二，从空间视角来看，不同的种族、国家和民族之间的游戏活动并无本质性差别，诸如自由与愉悦的情感体验，以及秩序意识的体现，乃是所有游戏群体普遍共有的情感；其三，现实的生活世界，一切事物都或多或少地体现着游戏因素或业已直接形式化为若干游戏形态，胡伊青加甚至将诸如宗教、战争、神话、哲学和艺术等人类的基本活动都归为游戏范畴，等等。

基于以上原因，游戏基本上满足了共通感的基本规定。如果从内在情感的外在行

为来观察人类游戏和动物游戏,就难以找出二者之间的实质性差别,从中又体现了游戏相对于人类活动的同在性甚至是先在性。加达默尔曾指出,游戏乃是人类生活的一种"基本职能",如果人类文化要素没有游戏因素将是完全不可想象的。这就是为什么游戏能够伴随人类社会发展的始终,为什么游戏能够成为古今中外人们一直所钟爱的活动,以及为什么人们对游戏都怀有一种"共同的感觉""共同意识"或"一致意见",游戏的共通感内涵是重要缘由。

(二)游戏"共通感"与竞技体育"审美共通感"

随着竞技体育理论研究的不断深入,竞技体育与游戏之间的关系亦逐渐明朗:第一,游戏可被认作竞技体育的逻辑和历史的开端;第二,竞技体育乃是游戏的一种高级发展形态。以上观点将从竞技体育的词源追溯以及哲学家或美学家对二者之间关系的阐释中便可得以验证。同时,二者关系的确证也为由游戏"共通感"到竞技体育"审美共通感"的善变奠定理论基础。

追溯"Sport"词源,"竞技"译法更为贴近该词原义。实际上,"Sport"一词源于古法语的"Disport"或"deport",其意思指的是诸如消遣和娱乐等具有"非实质性"目的的"游戏"活动。在《剑桥百科全书》中曾提到"Sport"一词指的是一些"消遣活动",或是娱乐、玩笑、运动、炫耀和游戏等活动。历史学家瓦诺耶克对"deport"一词的解释是:"一种愉悦的消遣方式……也可以指游乐。""Sport"一词较早出现在中世纪中期的一道政令 The Book of Sport 中,其中对"Sport"的解释是一种包括射箭、跳跃、跑逐等项目在内的"无害的娱乐"。鉴于"Sport"的外来词性质,单从上述国外关于"Sport"一词的译法及其解释之中,不难品味出其游戏的本质和审美属性。

关于游戏与竞技体育之间的关系,一些哲学和美学理论在涉及"游戏理论"之时,常列举竞技体育事例以支撑其理论观点,并普遍认为竞技体育与游戏二者存有较大的内在关联。例如,席勒、朗格、黑格尔等人都曾谈及游戏和竞技体育的一体性关系,胡伊青加的回答更为明确:"对于我们是否有权把竞赛纳入游戏范畴这个问题,我们可以毫不犹豫地给以肯定的回答。"纵然竞技体育与游戏存有内部勾连,但前者并不单纯地等同于后者。如果说游戏是竞技体育的开端,那么隶属于游戏的各项原初规定随着人类理性的不断参与而逐渐进化为更为成熟的和更具显性的隶属于竞技体育的规定,即由游戏到竞技体育,以及由自发性到自为性、由随意秩序到绝对秩序、由感性掌控的优美到由理性掌控崇高之美的嬗变。由此可见,如果说人们在游戏中表现为普遍自由愉悦的"共通感",那么在竞技体育之中则展现为集自由、秩序和崇高"三位一体"的"审美共通感"。

二、竞技体育审美共通感内涵——"审美精神"及其当代遮蔽

（一）竞技体育审美共通感的内涵——"审美精神"

竞技体育与游戏之间亲缘关系的确证，为竞技体育审美共通感的确证提供了原初根据。与游戏类似，竞技体育的发展逻辑决定其特有的时空性特征，同时也决定了其"审美共通感"的规定性。从时间视域上来看，原始的竞技体育表现为一种蕴藏在人类各种活动中的较为稳定的"风俗"或"习俗"：原始竞技寄托于巫术或原始宗教习俗之中，古希腊竞技体育依托于各种宗教祭祀习俗之中，中世纪竞技体育以"骑士竞技"的固定习俗得以显现，当今竞技体育又以一种宏大的"节庆"形式再次成为人们的重要习俗；从空间视域上来看，无论是东方还是西方，无论是发达、发展中国家还是贫穷落后地区，无论是男女老少，竞技体育业已成为人们不可或缺的风俗或习俗。

时空视域下的竞技形态其差异性特征较为明显。例如，竞技项目之间的差异：无论是项目形式与内容还是其时空性表现特征，无论是对技能、体能还是竞技战术的要求均不尽相同；又如，人们对竞技体育情感体验的差异：欧美国家对速度性、力量性、对抗性项目的崇尚，东方国家对技术性、战术性和非对抗性项目的热衷；再如，性别之间的心理倾向差异：男性对刚健项目的喜爱，女性对柔美项目的热衷；等等。但仔细观察，在这些差异性中却能够达成共同的审美共识，其重要原因乃是竞技体育之中所蕴藏着的审美内涵。关于竞技体育的审美内涵，温克尔曼曾提到竞技学校就是艺术家的学校，运动员所展现出的美的素质"一览无余地给艺术家以莫大的教诲"；黑格尔曾提到竞技者"在自由美丽的动作，有力量的伶俐中，做成一件艺术作品"；席勒曾试图在古希腊奥林匹斯赛会上寻求"美的理想形象"以满足一种"游戏冲动"；法国诗人皮埃尔·福雷斯奈特提出体育是艺术的表现形式，等等。不仅如此，在这些哲学家或美学家对竞技体育中所蕴含的诸如自由、秩序和崇高等审美属性亦常有提及。例如，朗格、胡伊青加黑格尔等人认为游戏和竞技体育皆具有非强迫性和非实利性等"自由性"特征；柏拉图、加达默尔、胡伊青加等人曾直接或间接地强调了"秩序性"是游戏、竞技体育或运动的本质特征；黑格尔和席勒曾对竞技之"美"大加赞赏；在顾拜旦那里，竞技体育之"崇高性"展露无遗等等。由此可见，竞技体育的差异性之中体现着审美特质的内在同一性，具体体现为自由、秩序和崇高等审美特质，这些特质构成了人们能够普遍体验到的一种具有"共同的价值"的审美共通感，钟爱竞技体育的人们认知和体验着这些审美特质，进而这些特质在人们的内心深处逐渐"内化"为一种"审美精神"，并展现出对人的一种"润物细无声"的"教化"效果。

（二）政治与资本目的主导下竞技体育审美精神的当代遮蔽

当我们以游戏为内核，以审美精神为坐标原点反观当今正蓬勃发展的竞技体育之

时，却时常发现诸多与之相悖的外显形态或曰"异化"现象，具体表现为当代竞技与自由、秩序和崇高等规定性的矛盾。例如，与自由性相悖：本应给予人们自由与愉悦的"游戏"却与具有较大强迫性和实利性的政治产生了紧密结合；以非实利性为标志的审美游戏却直接展现为一种以物质利益为目的的实利性价值；曾是竞技场上英雄或神灵般的精英逐渐成了现实生活世界之中受人接济令人怜悯的"弱势群体"。又如，与秩序性之悖：曾是文明与进步符号的竞赛场却变为遵循适者生存法则的"角斗场"；"fair play"精神总是被屡禁不止的违禁药物、黑哨假球和暴力斗殴事件所替代；曾经的"神圣休战原则"却变为了"反恐"场所。再如，与崇高性之悖：崇高表现力的"主观艺术作品"（黑格尔语）成为人们享受"病理性"（康德语）刺激的争斗；科技理性下技艺越发完美的技术动作却在古希腊竞技者雕像面前低矮了一截；"天神的欢愉与生命的动力"化为了对"利润的欢愉与政治的动力"，如此等等。

辩证地看，这原本是事物发展的"必要环节"，但在当代，竞技体育与政治和资本结合得过于紧密乃是产生上述异化现象的深层次缘由。竞技体育虽然凭借政治和资本这两种强大的外部动力得到空前发展，但却使自身远离甚至是背离了维系自身存在之本质，由此，竞技体育群体对政治和资本的实利情感逐渐取代了对自由、秩序和崇高等审美情感的追寻，审美精神逐渐遭受弱化与具有普遍性的审美共通感的价值范畴渐行渐远。

值得留意的是，作为现代竞技体育之代表——奥林匹克运动，其创建之初欲强烈保留其游戏内涵与审美共通感之本体。虽然政治与资本的强力介入，但却能够在现实生活中保持着公共事务与本体共通感的张力关系；奥林匹克运动等竞技体育"异化"现象的当代凸显并不能否定其所发挥的审美共通感的作用：其一，事物发展规律决定了"异化"亦是其发展环节的"题中应有之义"；其二，虽然奥林匹克政治化和资本化倾向较为严重，但处于竞赛场这一特定的时空，在构成封闭游戏世界的最后一堵墙（加达默尔语）的观赏者意识中，仍然实现了审美共通感的本体论意义。另外，事物总是以片面的形式实现自身的发展逻辑，竞技体育也不例外。作为暂时处于竞技场域中的个体或群体毕竟生活在现实的生活世界之中，他们必然会与感性欲求紧密地勾连在一起，竞技体育由此与外在于自身的事物发生着联系进而充当其他事物的手段便再正常不过了。

三、竞技体育审美共通感教化及"审美精神"的回归

（一）竞技体育的教化属性

以史论结合的方式对竞技体育深入分析得知，其固有的"教化"价值是保持其理想状态的要因。

首先以"史"为据：例如，古希腊竞技体育的"完人"培育价值使其至今仍被当作竞技体育的理想"标杆"；又如，近代英国的查尔斯·金斯利所推崇的将力量竞赛形成性格的功能用于教育之目的，以及托马斯·阿诺德创造的"竞技教育自治原则"；再如，现代奥运复兴的重要初衷亦是"教育青年"的奥运宗旨等，竞技体育的教化价值可管中窥豹。

其次以"论"为据：其一，从固有目的来看，竞技体育乃是通过对身体的"竞训"达到一种"精神教化"的诉求。柏拉图曾提到，健全的身体，并不能因为身体的健全而改善精神。但却能因精神的健全而改善身体；黑格尔亦曾讲道："从这种身体的练习（竞技体育）里，……把他的身体变化称为'精神'的一个器官"；而奥运"更高、更快、更强"之格言，更多指的则是精神层面的自我超越。其二，从实现方式上来看，竞技体育的重复性特征也决定了它的精神教化作用。重复性表现出了一种周期性，形式上体现为一种历时性秩序，它与个体生命活动的连续性时间维度相契合，起到对精神空间明显之效用。其三，从展现形式上来看，一些较具规模的竞技赛事从古至今总是以一种"节庆"的形式呈现出来：竞技节庆的周期性为其教化实施提供了可能；竞技节庆的聚合性能够使所有怀有"共同旨趣"的人们走到一起进而为实现审美共通感的教化提供可能条件；竞技节庆所凝结成的"风俗"或"习俗"的固定形式亦起到对人的潜移默化的精神教化作用。其四，竞技体育较深厚的宗教情结又决定其较强的教化功能。从外在形式来看，诸如古代奥运延承下来的圣火采集、火炬传递，以及开闭幕式、裁判员和运动员宣誓等各种仪式；从其内涵来看，诸如更高、更快、更强的自我超越之宗教情结；从竞技主体来看，诸如对所热爱项目的"禁欲"或献身精神；从观众群体来看，诸如对钟爱项目和竞技者的狂热与崇敬，以及对所在群体的归属感等，所有这些宗教情结俨然重构了一种在宗教丧失其实质性功能之后的"祛魅"时代中宗教式的教化空间。

竞技体育上述的固有目的、实现和展现形式，以及宗教情结等方面的规定，实质上是通过竞技体育的教化功能，融合具有特殊性的个别言谈与体验，促使个体由个别性向着普遍性提升，使诸如自由、秩序和崇高等审美属性内化为竞技体育群体的精神特质，不断实现自我超越以达至"形上"之生命维度，为整个人类的协调自由意识、秩序意识与崇高意识等全社会"共同"或"共通"的审美情感，提供了在工具理性为主导理性这一社会背景之下的一个有着自由教化效果的现代性保留地。

（二）竞技体育实现审美共通感教化的可能性

以奥运为代表的当代竞技文化随着"西学东渐"文化现象于近代引入我国，特定的时空背景，以及竞技体育特有的符号特征和征象意义，使其与国人的时代心性发生了共鸣，一方面体现出中西文化融合之趋势，另一方面也体现出了竞技体育的审美共通感特征。

竞技体育的群体集聚性特征与生俱来，人们对之相对固化的且具有普遍性的共同意识，决定了竞技体育以审美共通感为基本内容的教化实施的可能性。

作为一项极具组织性的社会文化活动，竞技体育在其发展历程中必然会外化衍生出以共通感为基础的"共同体"，最为明显的莫过于以现代奥运为核心的群体性组织，它不仅建构了诸如国际奥委会这一国际性群体活动平台，而且凝练出特有的宗旨、主义、格言和精神。此外，诸如当今的世界杯、NBA、大满贯等各单项赛事，再如国内的CBA、甲A、乒乓球和羽毛球联赛等组织或团体，都已经或正在形成独特的竞技项目文化，在各个群聚平台上其所集聚的特定群体皆有着较为一致的目标，怀有类似的情感和信念，进而逐渐建构出以竞技体育"审美共通感"为基础的具有强大凝聚力的"审美共同体"。

竞技体育特有的审美内涵固然是这些共同体形成的重要缘由，而从竞技体育的产生、发展到繁荣过程中自始至终展露出的一种挥之不去的"宗教精神"，却是这些审美共同体形成的强大纽带。乔治·维加雷洛讲道："体育……这种信仰不需要体育组织者的影响强调，……它在大众的意识中根深蒂固。"阿伦·古特曼讲道："记者们……将体育描述成一种全新的宗教。"迈克尔·诺瓦克（美国哲学家和神学家）认为体育是"天生的宗教"。另外，"宗教体育"更是被顾拜旦经常提及。由这种宗教精神所汇集的竞技群体，甚至接近于一种宗教式的"审美团契"，其所代表着的审美共同体，区别甚至超越了一般理性共同体的信仰维度，竞技体育甚至成为当今"祛魅"时代下人们的一种新的信仰，成为比宗教团契更为普遍的"准信仰"团契形态以及更为深刻的"团契意识"。

如果说在农耕时代，对审美的共同感知还是建立在人人所普遍具有的审美先天能力之上，还在于"整个人类所共有的不假思索的判断"（维科语）之中，那么在"科技理性"下的今天，审美判断的内容、方式和途径却发生着实质性的改变。对于大众传播环境来讲，工业时代乃是通过诸如电话、广播、电视等媒介渠道"单向度"地传递给广大的受众群体。到了信息时代，尤其是随着互联网技术的迭代更新，通过诸如BBS、贴吧、论坛、微博、QQ群及以微信群等网上交流平台，大大改变了只能被动地接收信息的一个单向的线性传播过程，形成了平行双向的互动平台。不仅如此，现代媒体还促成了具有实时性、多元性和互动性等特点的"网络趣缘群体"，使由于"物的依赖"的时代性所导致的"单子式"个体以另一种空间形式得以重新聚合。对于竞技体育来讲，"网络趣缘群体"的特殊意义在于，它导致了对竞技体育有着共同旨趣的个体得以聚合，该"共同体"超越了血缘、地缘和业缘等群体范畴，形成了与"先天"审美共通感相契合的"后天"形成的审美共通感，它对先天存在的审美共通感具有强大的助推和催化作用。如果说对自由、秩序和崇高等先天审美情感的共同感知是竞技体育教化实施的基本内容，而由竞技体育聚合性的特征所形成的审美共同体便为其教化实施提供了重要场域。

（三）竞技体育审美共通感教化实施及审美精神回归途径

教化与共通感在美学理论研究中联系甚为紧密。在竞技体育中，教化与审美共通感的关联则更为密切，二者在竞技体育中的相互助推，潜移默化地起到了对人的"健全感觉"的培育作用。

"健全感觉"即理想人性所具有的意识或情感，在竞技体育中则体现为竞技体育群体展现出的诸如自由、秩序和崇高等审美意识或"审美精神"。审美精神不仅反映了竞技体育发展的历史性，因为竞技体育从游戏这一初始形态便潜藏着自由、秩序和崇高等的审美特征；同时也反映了原始竞技到现代竞技内在规定性的"保存"性质，因为竞技体育自产生之日起便以游戏为内核不断增添人类理性所规定的内容，进而使自身得以由低级到高级的不断发展。

竞技体育之审美精神，乃是社会发展所需的人所应有的"健全意识"在竞技体育中的"理性化"结果。加达默尔曾经说道："在教化中，某人于此并通过此而得到教化的东西，完全变成了他自己的东西。"实际上，加达默尔所强调的是精神的自我保存和自我内化的过程。对于竞技体育来讲，正如艺术家将其心目中的完美精神赋予他所创作的雕塑作品一样，人们将人和社会发展所必需的具有普遍性的诸如自由、秩序和崇高等精神特质逐渐赋予了竞技体育，反过来再通过竞技体育审美共通感特有的教化功能将"健全感觉"回馈给参与竞技群体，在这一回路中完整人性的培育价值得以体现。

当今竞技体育虽然在政治和资本等强大的外力助推下蓬勃发展，但人们对竞技体育审美目的的"共通意识"却被政治和资本意图所替代，审美教化蒙受遮蔽进而变成了政治教化和物质教化，健全感觉的教化途径受到阻隔。事实上，现实生活中人不可能完全去除外在因素的影响而单纯地获取由纯粹竞技体育带来的精神因素。政治和资本虽有其固有的实利性目的，但当人们"完全沉浸"于竞技体育时，其所蕴含的全部实利性目的不再被视为政治或资本之意图，沉浸于竞技共通感的"自我迷失"的"我们"，在由竞技体育带来的自由、愉悦、狂热和崇高情感以及自我超越境界感召下，转而将政治和资本等"外在目的"提升为具有更高意义的实现行动，将政治和资本的利益共同体提升为审美共同体。在这个过程中，虽然仍有着通过竞技体育谋取物质利益的强烈意图，但仍恪守达成"共识"的游戏规则；虽然某些时候人们仍怀有一种政治情结，但仍然能够体验到由获胜而带来的超越之感。

哈贝马斯曾经说过："其他的表现形式都会分裂社会，因为它们不是完全和个别成员的私人感受发生关系，就是完全和个别成员的私人领域发生关系，因而也就同人与人之间的差别发生关系，唯独美的中介能够使社会统一起来，因为它同所有成员的共同点发生关系。"当今各种诸如时尚领域、综艺节目、网络游戏等"私人领域"的"表现形式"时时刻刻地抢占着现代社会的审美共通感资源,由此造成了人的感性和理性、工具理性与价值理性、本能生命与社会生命等范畴张力的失衡状态,进而导致现代人的主体性迷失。对于竞技体育场域的一些"个别成员"来讲,不同主体有着各自不同的价值取向,进而使得竞技体育展现为不同的客观功能。例如,观众、教练员、体育官员、赞助商,甚至是赌博者等人群,作为参与者,他们所处的"私人领域"决定其真实的心理意愿并非是对竞技者展现的技艺与技能的关照,而更多的是出于对诸如国家、民族、团体等方面的利益关切,更为关注从竞技体育中所获收益多少,而竞技体育中美的展现,则成为收益大小这一"主产品"的可有可无的"副产品",其重要原因便是政治和资本等外在因素拉近甚至是消融了欣赏主体与审美客体之间的"距离",进而使竞技体育的美感大打折扣。

在当今"物的依赖"的社会发展阶段,审美业已成为后宗教时代批判基于工具理性的现代性的重要资源。当前种类繁多、琳琅满目的竞技赛会已经成为孕育现代社会共同体的审美共通意识的公共心理场域,钟爱竞技体育的个体或群体都已经或正在虔诚地融入最具吸引力的这一"现代性的保留地"之中,潜移默化地接受着审美精神的教化。不同的国家、种族和阵营,具有不同"私人领域"和价值取向的人们,在竞技场域获得了情感上的融通,时时地去接受着"健全感觉"的教化,通过享受自由而愉悦的游戏使情操得以陶冶,通过体验艺术般的技艺使心灵得到熏陶,通过遵守规则和发扬公正竞赛精神使秩序意识获得培育,在这种审美共通感及其所营造的审美境界的感召下,"健全感觉"得以沉淀和内化,由时代性造成的生命的分裂得以逐渐复合。由此,竞技体育中的审美精神通过审美共通感的教化也将得以复归。

第三节 社会中的审美教育

在高校体育教学中,体育锻炼能够促进学生身体素质的增强,也能推动学生智力方面的发展。当学生的智力与体力实现了有效的结合之后,必然会对学生的德育发展起着推动作用,进而促进学生的全面发展。由此可见,高校体育教学的意义也就越来越丰富了,其对审美教育的要求也就越来越高了。

党的十八大报告指出,教育的根本任务就是要立德树人,为社会培养德智体全面发展的建设者和接班人。所以在高校体育教学中,不但要对学生传授健身的知识,还应该从思想上对他们进行美的教育和熏陶,在陶冶的过程中塑造良好的人格。笔者将在本节根据近几年的教学经历,浅谈审美教育在高校体育教学中的渗透。

一、审美教育与高校体育教学中的关系

我国著名教育家蔡元培先生把审美教育与德、智、体教育相提并论，认为学生在体育运动中同样能够塑造思想道德美、形体美和劳动技能美。在相应的体育设施条件下，体育教师采取合理的教育教学方式，引导学生进行各种体育训练，必定能够启发学生内心对美的事物和美的情感的渴求和探索，在探索美和欣赏美的过程中，其心灵美也得以加强，在形式和内容上促进审美教育的发展。

借助审美教育，高校体育的教学质量也得以有效地提高。体育运动的优美动作以及锻炼之后优美的体型会激起学生学习体育的兴趣，在其促进下，学生通常会主动地加入体育运动之中，会根据自身的条件选择相应的体育运动项目，把自己的潜能尽可能地挖掘出来，通过长时间地坚持运动之后，必定会收到颇丰的成效，久而久之，高校体育的教学质量也会随之得以提高。

二、高校体育教学中渗透审美教育的成效

20世纪初期，教育部提出新课程改革的号召之后，奋斗在一线的教师一直热衷于教学改革，以提高学生德、智、体、美等方面的能力为目标。体育教师致力于审美教育在高校体育教学中的渗透工作，以期在提高学生身体素质的基础上，提高学生对美的感悟和审视能力。

（一）审美教育的渗透可以促进学生身体机能的健康发展

"身体是革命的本钱"，身体素质是享受美好生活、高效完成工作的根本基础。在高校体育教学中，增强学生的体质是其首要目标。当运动以美的形态呈现在学生的面前时，学生对体育运动的兴趣和积极性就会调动起来，积极参与各种体育运动，在分享成就和喜悦之际，身体的疲劳感一扫而空，身体中就会分解出一种有益于身体健康的化学物质。通过这种化学物质，人体机能所依赖的各种环境得以改善，整个身体就会处于有利的发展状态之中。在外部条件与内部条件相协调的情况下，学生的身体机能得以提高，能够健康地发展。

（二）审美教育的渗透可以促进学生优良品德的健康发展

审美教育需要全身心地投入其中，当学生深入高校体育教学的审美教育时，才可能与自身所处的环境、所进行的运动等产生情感上的共鸣，培养优良的思想道德或意志品质等。例如，在高校各种体育赛事之中，就可以把美的教育渗透进去，培养运动员以及其他学生的勇于吃苦、积极进取、不怕困难、团结合作以及以大局为重的优良品质，经过多次渗透之后，学生的品性得以完善，在品质以及灵魂的塑造上有着重要的意义。

三、审美教育在高校体育教学渗透中取得低效的原因

在高校体育教学中，很多教师把审美教育渗透到体育教学的每一个操作步骤之中，但是所收到效果甚微，究其原因，主要集中在以下三点：

（一）高校管理人员没有高度重视

高校管理人员的决策行为决定着高校教学课程的设置、教学内容的安排、教学进度等诸多方面。在高校体育渗透教育方面，高校管理人员没有给予高度的重视，他们认为：高校教育的目的就是为社会输送知识层次较高、能力水平较高，操作技能较高的技术型人才，至于高校体育教学，只是高校整个教学体系的辅助部分，无须与审美教育结合，也能给社会输送合格的、优秀的人才。

（二）高校体育教师业的务知识能力低下

审美教育渗透到高校体育教学中，与传统的教学模式有着很大的区别。但是绝大部分高校体育教师因自身文化素质和知识技能低下，无法胜任审美教育与高校体育有机结合的教学工作。所以只能把大部分的精力运用到培养学生体能和竞赛技能方面，在这样的教育环境中，学生只能得到体育技能的教育，德育、智育以及美育三个方面的发展受到影响，严重阻碍了高校体育审美渗透的教学发展。

（三）高校体育教学的方法陈旧

在高校体育教学中，虽然有些教师在新的教学理念引导下能够采用新的教学方法，但是绝大多数体育教师在教学过程中，无视学生的个性发展，不因材施教，仍然采用老套的教学方法，实施自己的教学行为，所以学生在体育方面的潜能无法激发出来，学习兴趣自然就会下降，高校体育教学的效果也达不到预期的目标。

四、高校体育教学与审美教育渗透有效结合的措施

随着时代的发展，社会对体育人才的高要求，审美教育在高校体育教学中的渗透势在必行，高校体育教师必须认清这个形势，把审美教育有效地渗透到高校体育教学的整个过程中。笔者认为要解决上述的三个问题，必须从以下三个方面入手。

（一）改变高校管理人员的思想观念

改变高校管理人员的思想观念是首要任务，高校管理人员的教育思想、教学理念决定了高校整个教学的教学质量。所以管理人员必须要树立终身体育的思想，以现代化教育理念统领自己的头脑。要认识到审美教育对学生今后人生的重要影响，唯有如此，才能把学生的利益放在第一位，才能以学生为教学中心，重视学生的美育教学。

（二）定期培训高校体育教师，提高其业务知识能力

对高校体育教师进行培训，提高其业务能力是促进审美教育有效地渗透到高校体育教学之中的有力保障，因为体育的教学工作完全由体育教师完成，如果体育教师的业务能力，知识能力低下，则会影响着整个教学质量，也无法把审美教育有效地渗透到体育教学之中。所以高校要分期分批地对体育教师进行教学理念、文化知识水平等多个内容的培训，才能有效地把审美教育渗透到高校体育教学之中。

（三）改变传统教学方法，提高学生的学习兴趣

教学方法的改变可以给学生一种新鲜感，能够激发学生学习体育的兴趣。所以在高校体育教学中，教师要从学生的实际情况、学校的实情以及教材的具体情况出发，创设不同的教学情境，在教学方法上也不断地创新，把审美教育以不同的形式渗透到体育教学中，充分调动学生学习体育的积极性和兴趣，以完成体育教学任务，达到审美教育的目标。

社会的发展对高校大学生的要求越来越高，高校为社会培养人才之际，不能再像以前那样，只对学生进行知识技能方面的教学，而不重视对其德、美方面的教育。当高校大学生走上社会之后，如果光有一身的知识本领和操作技能，既没有养成优良的品质，也无法胜任社会的需要。所以，审美教育必须渗透到每一门课程教学之中，高校体育教学也不例外。

第六章 体育健身中的安全保健问题

大众体育健身不仅要求人们遵守运动和人体发展的基本规律，同时对运动卫生和医疗保健也有着一定的要求。因此，在进行体育健身的同时，要注意加强自身运动的安全与保健，学习和掌握一些运动疲劳、运动疾病和运动损伤的预防、处理以及医务监督方面的相关知识，这对人们体质的增强和运动能力的提高有着重要意义，还能保证人们身体健康，预防伤病，提高人们的健身运动能力和水平，从而为大众体育健身的科学化发展提供基本保障。

第一节 体育健身中的运动疲劳

一、运动疲劳概述

疲劳是人们生活中的一种常见现象。按照产生原因的不同，疲劳可以分成不同的种类，如运动疲劳、劳动疲劳和工作疲劳等。运动疲劳是人体运动过程中发生的正常生理现象，对人的身体并无损害。它是一种警报信号，或者说是一种健康的"保险阀"。

生理学家通过研究认识到，运动疲劳是一种综合性的生理过程，它是以中枢神经系统的作用为主导，在中枢神经和感觉系统、运动系统、内分泌系统及内脏器官的活动中出现的复杂而相互联系的变化。

运动疲劳可分为两个阶段：一是代偿性疲劳。这个阶段的运动能力靠增强中枢神经系统的兴奋性和机体其他系统更加紧张的活动得以维持，这时每一工作单位的能量消耗的多，动作的结构也发生变化。二是非代偿性疲劳。这个阶段的特点是运动能力下降，尽管运动员越来越用力，但仍无法克服这种状态。

二、运动疲劳的分类

运动疲劳可根据其身体疲劳状态不同、疲劳部位不同、运动方式不同，产生机制不同等分为多种类型，其主要分类方法有以下几种。

（一）按疲劳状态分类

1. 身体疲劳

身体疲劳常因活动种类的不同而产生不同的症状，如局部或全身的疲劳、关节僵硬、肌肉和手脚肿胀等。

2. 精神疲劳

精神疲劳是由于心理活动造成的一种疲劳状态，其行为表现为：动作迟缓、不灵敏，动作的协调能力下降、失眠、烦躁与不安。主观症状有：注意力不集中，记忆力障碍，理解、推理困难，脑力活动迟钝等。

在健身运动过程中，过度的身体活动会引起精神疲劳，而过度的精神紧张也可以导致身体疲劳，所以说，两方面的疲劳是无法截然分开的。

（二）按疲劳部位分类

1. 局部疲劳

局部疲劳是指以身体某一局部进行运动使该局部器官机能下降而导致的疲劳。

2. 整体疲劳

整体疲劳是指由于全身运动使全身各系统机能下降而导致的疲劳。一般来说，局部疲劳可以发展为整体疲劳，而整体疲劳往往包含着以某一系统为主的局部疲劳。

（三）按运动方式分类

1. 耐力疲劳

耐力疲劳是由小强度、长时间运动引起的身体机能下降的一种疲劳状态。

2. 快速疲劳

快速疲劳是由短时间、剧烈运动引起的身体机能下降的一种疲劳状态。

（四）按疲劳系统分类

1. 呼吸系统疲劳

运动引起的呼吸机能下降等现象，称为呼吸系统疲劳。

2. 心血管疲劳

心血管疲劳是由运动引起的心脏、血管系统及其调节机能下降的一种疲劳状态。疲劳时表现为心率恢复速度减慢、血压升高，心脏射出的血液减少等。

3. 骨骼肌疲劳

由运动引起的骨骼肌机能下降，称为骨骼肌疲劳，如力量训练后肌肉收缩力下降、肌肉僵硬等。

三、运动疲劳产生的原因

1980年，Edwards曾将疲劳定义为"不能维持需求或预期的力量"，主要从电刺激、肌电图和能量供应三个方面进行了分析，就疲劳时物质代谢和电刺激的相互关系中提出了描述疲劳的三维观点。同时，他认为导致疲劳的原因可能有三个方面：一是肌肉收缩，能量消耗，限制ATP供应速率；二是肌膜功能损害能量供应，若肌膜动作电位和传导受损，则肌浆网钙泵将受损；三是代谢产物的堆积。根据以上理论，1982年，Edwards提出了运动疲劳和运动能力的生化基础——突变理论。

单纯的能量消耗，不存在兴奋性下降时，会引起持续的肌肉强直收缩；带突变的综合性疲劳，突然丧失兴奋活动的力量；能量消耗和兴奋性同时受损，但没有突变；单纯的兴奋性或活动性下降，没有能量消耗。总的来说，运动疲劳的产生也是一个综合性的复杂过程，它与人体多方面的因素以及生理变化有关，是由多方面原因引起的。运动性疲劳产生的原因主要有以下几个方面。

（一）运动能力与身体素质的变化

人体的运动能力和身体素质与身体各器官，系统功能紧密相关。身体素质就是人体各器官、系统的功能在肌肉工作中的综合反映，各器官功能的下降，运动能力与身体素质便会受到影响。例如，长时间的肌肉活动导致肌肉功能下降时，力量与速度等必然会下降，于是在完成各种运动练习时，往往会感到力不从心而觉得疲劳，从而降低机体的工作能力。

（二）体内能源贮备的减少与各器官功能的降低

研究发现，运动导致疲劳时体内能源物质往往消耗较多，如长时间持续运动中，由于糖的大量消耗，肌糖原及血糖含量均大幅度下降。能源贮备的消耗与减少，会引起各器官功能的降低。加上受肌肉活动时代谢产物的堆积及水、盐代谢变化等的影响，机体工作能力就会下降而出现疲劳。

（三）内环境稳定状态失调

通常情况下，机体是通过神经、内分泌、呼吸、血液循环、泌尿等系统的调节，使机体内环境保持动态平衡的。而机体内环境的相对平衡与稳定是组织器官保持最佳动能状态的基础和前提。但是，长时间的剧烈运动会使血液中PH下降，出现高渗性脱水，血压、渗透压改变，出现内环境稳定状态失调的现象，就会产生疲劳。

（四）代谢产物的堆积

代谢产物在肌组织中堆积也会导致疲劳的产生，如乳酸、氢离子、钙离子等物质。由于乳酸的堆积，血液中乳酸浓度的增加，可产生三大影响：首先，促使运动组织局部血管扩张，血流速度加快，这虽然有利于增加氧的运输和供能，但这些物质的堆积也产生了一些消极作用，可使 ATP 再合成速度减慢；其次，抑制糖、糖原的分解或酵解，增加肌肉中水分的含量，并可减少乳酸从肌肉中的运出；最后，乳酸解离后产生的氢离子，可以引起肌肉中 PH 下降。氧离子可以从肌钙蛋白中置换钙离子，从而阻断肌肉收缩，阻碍神经肌肉的兴奋传递，抑制脂肪酶的活性而降低脂肪氧化功能，从而使人体产生疲劳。

（五）精神意志因素

当身体疲劳达到一定程度时，往往主观上会出现疲劳感觉，这种疲劳感也可以说是疲劳的主观信号。而运动中人体各器官、系统的活动都是在神经系统指挥下完成的，神经系统功能的降低，神经细胞抑制过程的加强都会使疲劳加深。此时，人的情绪意志状态与人体功能潜力的充分动员关系极大。在通常情况下，人体在感到疲劳时，机体尚有很大功能潜力，能源物质远未耗尽，良好的情绪意志因素可动员机体潜力，推迟疲劳的发生。

四、运动疲劳的判断方法

判断运动性疲劳的方法有很多，总的归纳起来可分为以下三个方面。

（一）观察法

观察运动者的表现，如出现脸色苍白、眼神散乱、表情淡漠、连打哈欠、反应迟缓、精神不易集中、情绪改变、运动成绩下降等现象，可基本判断为疲劳。

（二）主观感觉

人体运动时的主观感觉与工作负荷、心功能、耗氧量、代谢产物堆积等多种因素密切相关。因此，运动时的自我感觉是判断运动性疲劳的重要标志。主观感觉，如疲乏、心悸、胸闷、恶心、头疼、腿疼等。除去染病，则很有可能是运动疲劳。以主观感觉来判断运动性疲劳的程度，主要可以采用以下疲劳程度的简易判断标准。

（三）客观检查

1. 生理指标测定

（1）小腿围

长距离跑后，由于下肢血液滞留及组织液增多，可使小腿围度增加，其增加程度与疲劳度成正比。

（2）小腿皮下水肿检查

用拇指压小腿胫骨前面皮肤，当去除按压，若留下皮肤凹陷不能立即消失者为阳性。凹陷的深浅与皮下组织液积聚和疲劳程度有关。

（3）体重

长时间运动使得泌汗增多，体重下降，其降低程度与运动量大小密切相关。

（4）肌肉力量

运动后肌肉力量明显下降而且不能及时恢复，可视为肌肉疲劳。在评定疲劳时，可根据参与工作的主要肌群确定测试内容，如以上肢工作为主的运动可用握力或屈臂力量测试等。常用的测试仪器有背力计、握力计等。测试时，首先在运动前连续测定若干次肌肉力量，计算出平均值。运动结束后，再进行同样方式的力量测定，如果肌肉力量平均值低于运动前水平，或几次力量测定值连续下降，即为肌肉疲劳。

（5）肌力

可测定握力、腿力和背力，早晚各测一次，或运动前后测定，观察其差数和恢复情况，如次日晨已恢复可判定为正常的肌肉疲劳。

（6）肌张力

肌肉疲劳时，随意放松的能力降低，肌肉放松时张力增加，肌张力振幅减小。

（7）心率

心率（HR）是评定运动性疲劳最简易的指标，一般常用基础心率、运动中心率和恢复期心率对疲劳进行判断。

（8）血压

血压是大动脉血管内血液对血管壁产生的侧压，它是反映疲劳程度的常用指标。身体机能良好时，清晨时安静血压较为稳定。若安静血压比平时升高 20% 左右，且持续两天以上不恢复，往往是机能下降或疲劳的表现。

2. 医学判定

（1）脉搏

脉搏频率增加的程度与疲劳程度成正比。可根据测定晨脉或运动前、运动后和恢复期的脉搏，来判断疲劳情况。

（2）心电图

运动中在骨骼肌出现疲劳的同时，心肌也相继出现疲劳，进而使心电图出现异常变化，如在排除其他原因的前提下出现期前收缩且运动后期前收缩次数增多、完全性右束支传导阻滞或有持久存在的不完全性右束支传导阻滞、ST 段下移、房室传导阻滞等，这当中的任何一种异常都提示有重度运动性疲劳的存在，并提示可能已有过度疲劳产生。

（3）肌电图

肌电图是肌肉兴奋时所产生的电变化，可反映肌肉的收缩、兴奋程度。运动过程中的肌电图变化可确定神经系统和骨骼肌的功能状态，通过肌电图可以反映出肌肉是否疲劳。

（4）呼吸肌耐力测定

让受试者连续测5次肺活量，包括吹气时间在内，每次间隔15秒，记录各次结果。疲劳时，肺活量逐渐下降。

（5）尿蛋白

每日清晨和运动后测定尿蛋白，可以了解身体对运动量和强度的适应情况及疲劳程度。

（6）血红蛋白

由运动引起的运动性贫血与运动强度和运动量有关，此外还与营养摄入不合理，身体健康状况、机能水平下降等因素有关。

（7）皮肤空间阈

测定皮肤对两点的定位感觉。运动后疲劳时，触觉机能下降，运动后较安静时，大于1.5倍以上为轻度疲劳，2倍以上为重度疲劳。

（8）血尿素

安静时成人的血尿素为每百毫升28～40毫克，运动时肌肉中蛋白质及氨基酸分解代谢加强，其血尿素的数量可增高10%～100%，在身体机能状态正常的情况下，运动后次日晨血尿素上升幅度在50%以下，这是出现了中度或重度运动性疲劳的表现。

（9）定量运动负荷试验

内脏器官的机能能力只有在机体进行运动负荷试验中才能充分发挥。因此，机能检查的主要方法是定量运动负荷试验，检查的着重点是心脏血管机能。负荷的种类、负荷量的大小应根据机能检查的目的，受试者年龄、性别、健康状况及以训练水平而定。

五、大众体育健身运动疲劳的消除

运动疲劳消除的最好手段是停止进行身体活动。但疲劳已经产生了，就需要用一些具体有效的措施来消除，以达到恢复身体良好状态的目的。在消除运动疲劳时，要尽量采用多种有效方法来进行。

概括地说，消除运动疲劳的方法主要有以下几种。

（一）活动性休息

活动性休息，也就是积极性疲劳消除。研究证明，在疲劳后更换运动练习或做些放松动作，都可以达到消除疲劳的目的。

实验表明，积极性疲劳消除的生理依据及其效益主要表现在以下三个方面。首先，防止神志昏迷、眩晕及恶心。在运动结束后转入低强度，慢节奏的轻活动，肌肉的泵血功能保持持续状态，机体血液循环系统活动无骤然变化，就能防止神志昏迷、眩晕及恶心的出现。其次，加速血液中乳酸的排泄。疲劳的原因之一是体内乳酸堆积，通过运动后的整理活动，使流经收缩肌群的血流速度仍不减慢，故能及时地把扩散到血液中的乳酸带走并排泄掉。最后，防止过勤换气。停止剧烈运动后，由于运动时欠下的氧债过多会发生急促的大喘气。当机体转换到轻运动时，氧气的补偿过程就能达到逐步化，不至于过勤换气。

（二）静止性休息

睡眠是恢复体力，消除疲劳最常规的方法，也是非常有效的方法之一，最好的静止性休息是保证睡眠质量。健身运动导致身体疲劳后，保证良好而充足的睡眠是使身体得到恢复的重要措施。

保证睡眠的效果，应注意以下几个方面。

（1）睡眠要有规律，养成定时入寝与定时起床的习惯。

（2）保证有足够的睡眠时间。

（3）睡眠不足时应在白天补足，午睡时间30~60分钟最适宜，可稍微补充一下睡眠不足。

（4）优化睡眠环境。适宜的居室温度、湿度及寝具的舒适程度对睡眠都有一定影响。

（三）合理补充营养

运动性疲劳的原因之一就是能源物质的大量消耗，因而只有适当地补充营养才有利于肌体的恢复。

糖是人体运动的基本能源物质，肌糖原储量的多少直接影响运动能力，因此应重视糖的补充。食果糖对肝糖原的恢复速度大于食葡萄糖。

蛋白质是一切细胞和组织结构的重要成分，是生命的物质基础，大运动量训练时应注意蛋白质的补充，特别是必须有氨基酸的补充。大强度运动中，由于产生乳酸等代谢产物，使肌肉中的pH值下降，导致肌肉疲劳。因此，运动后适当的补充碱性盐类可以提高运动者耐乳酸的能力，提高负氧债的能力。维生素缺乏时，会影响运动者的运动能力，因此应注意维生素的补充，尤其是维生素B1、维生素B2、维生素B6、维生素C、维生素E的补充，达到每日的推荐量即可。因此，在大众体育健身过程中，会造成体内蛋白质、维生素及微量元素的过量消耗，而仅依靠自身饮食获取的能量很难保持身体的训练水平，所以在健身运动后进行合理的营养补充有助于疲劳的消除。

（四）心理调节

1.心理恢复法

这是一种心理学恢复的方法。通过调节大脑皮质的机能，达到消除疲劳的目的。心理恢复法能减轻紧张情绪，放松肌肉，对消除疲劳和延迟疲劳的产生有良好的效果。它主要包括心理调整、自我暗示、放松训练和气功等手段。

2. 音乐疗法

音乐可以使中枢神经系统的疲劳得到缓解，可以调节呼吸、循环系统功能，对骨骼机能产生影响。有镇静、镇痛、增强记忆力、改善注意力的作用。选曲原则应根据运动者的情绪选择合适的音乐，应考虑到个人的文化素质以及对音乐的欣赏能力。

（五）其他疗法

1. 按摩

按摩是放松和帮助恢复体力常用的手段，主要目的是促进身体和肌肉进入放松状态，改善血液循环和扩张血管，消除代谢产物。

按摩的方法很多，一般采用手法按摩，进行全身或局部的按摩，有损伤的还可以兼做治疗，均有良好效果。按摩时要以揉捏为主，先按摩大肌肉，后按摩小肌肉，一侧按摩完以后再按摩另一侧。大腿后面的丰厚肌群可用重压，使肌肉放松，还可运用搓、抖、叩等手法。按摩时可配以按穴方法加强效果，第一次按摩应在训练后 20 分钟进行，如果配合桑拿浴或水浴，效果会更好。第二次按摩最好在训练后的 2 小时进行。

2. 水疗

（1）热敷。热敷能减少肌肉中酸性代谢产物的堆积，消除肌肉僵硬、紧张以及酸痛。

（2）热水淋浴。淋浴是一种简易的消除疲劳的方法，淋浴时水温不能过高，一般以温水浴（水温 40℃左右）为佳，时间为 15～20 分钟。

（3）冷、热水交替淋浴，起振奋作用。

（4）水漩涡。利用水快速流动时产生的压力进行水下按摩。

（5）热盆浴。热水浸泡 15～20 分钟，四肢做缓慢的运动。

（6）用高压力的水蒸气做水下按摩。

（7）桑拿浴。剧烈的训练之后不要马上做，因为那样会使身体进一步脱水，增加电解质流失，加快心率，由此增加身体的应激反应。正确的桑拿浴应在训练后过一段时间进行，每次 9～12 分钟，重复 3 次。

3. 药物补充

药物补充也是恢复运动疲劳的重要手段，如运动后可服用维生素 B1、C 和 E。另有麦芽油、花粉，以及中药中的黄芪、刺五加、人参、三七也对促进疲劳的消除有一定功效，具体应用时应遵医嘱。

4. 理疗

常用红外线、生物频谱仪、TDP 灯、生物信息治疗仪等消除运动后的疲劳。理疗可以促进血液循环，改善血液供应，有利于营养物质的吸收和代谢产物的排泄，从而消除疲劳。

5.吸氧及空气负离子疗法

吸氧可以促进新陈代谢，改善微循环，有助于消除疲劳。如果有条件，在大运动量训练后采用高压氧治疗，对消除疲劳有明显效果。空气负离子能改善肺的换气功能，增加氧吸收量和二氧化碳排出量，改善大脑机能、刺激造血机能、使红细胞和血红蛋白、血小板增加、血流速度加快，心搏输出量加大，扩张毛细血管，加速乳酸的代谢，有助于疲劳的消除。

6.拔罐及刮痧疗法

拔罐及刮痧疗法通过刺激人体的经穴，可以改善血液循环，促进新陈代谢，有利于组织代谢产物的排泄，使疲劳得以消除。

第二节 体育健身中的运动损伤

体育健身的主要目的是缓解身心压力，增强身体素质，增进身心健康。但是近年来运动损伤在健身锻炼中发生率越来越高，这不仅影响了健身者正常的生活和工作，也给身心健康带来了很多负面作用。所以，只有深入分析运动损伤形成的原因，才能将其发生的概率降至最低，进而达到更有效的健身效果。

一、对运动损伤的认知

运动过程中发生的各种损伤统称为运动损伤。损伤的部位与运动项目及专项技术特点有着密切的关系。相关资料显示，造成四肢损伤的比例远高于其他部位的损伤。因为四肢是人体运动状态的主要表现形式和载体，其关节较多，承受的外力较大，所以四肢损伤在所有运动损伤中的比例是最高的。由于技术特点的不同，与慢跑、游泳等运动项目相比较，球类运动造成损伤的严重程度更高。

运动损伤按时间可分为，新伤和旧伤，按病程可分为急性损伤和慢性损伤，按性质可分为开放性损伤和闭合性损伤，按程度可分为轻度损伤、中度损伤和重度损伤。

在健身过程中，运动损伤多为急性损伤和闭合性损伤。轻度损伤主要表现为肌肉表面擦伤、挫伤等；中度损伤主要表现为关节扭伤、韧带拉伤、肌肉拉伤或挫伤等；重度的运动损伤主要表现为肌腱拉断、韧带撕裂、半月板破损、骨折、脱臼、脑震荡等。

二、健身过程中造成运动损伤的主要因素分析

（一）人的不安全因素

1.心理因素

自我概念被认为是运动损伤的相关因素。irving 和 Lamb 的研究都表明，低的自我

概念是运动损伤的最危险因素。自我概念是指一个人对自身存在的体验。它包括一个人通过经验、反省和他人的反馈，逐步加深对自身的了解。自我概念是一个有机的认知机构，由态度、情感、信仰和价值观等组成，贯穿整个经验和行动，并把个体表现出来的各种特定习惯、能力、思想、观点等组织起来。

人在体育健身时，就会根据自己的喜好和熟悉程度选择运动项目。因此对所选择的项目都有一定的参与经验，但同时也有助于一些不正确的经验演变成习惯。再次参与体育锻炼，已养成的习惯必定会贯穿于整个健身过程，竞技类运动在这方面表现得更为明显。如果养成安全意识淡薄的习惯，会导致健身过程中注意力不够集中，自我保护不到位，很容易造成运动损伤。例如，很多人在参与球类运动时，忽略了准备活动，直接进入比赛状态，这样就使身体在各关节在没有得到充分活动的情况下，承受着负荷强度较大的运动量，导致运动能力急速下降，在很大程度上增加了关节扭伤和肌肉拉伤的概率。并且由于养成了一些不正确的运动习惯，会使侥幸心理得到发展，这无疑也是引发运动损伤的一大因素。

2. 行为因素

每项运动都有其独特的技术特点和运动规律。在健身过程中，只有充分认识运动项目的特点，掌握其运动要领，遵循其规律，才能达到预期的锻炼效果。但有时人的行为会随心理的变化而变化。很多人在健身过程中，有时候过度兴奋导致侥幸心理作祟，随意更改技术动作或添加自认为合理的动作，这样势必增加了运动损伤的概率。

体育学习和锻炼中充满了速度、力度、高度、远度、准确度或艰难度等的竞争与评价，是典型的成就情景，对参与者的勇气和进取精神提出了种种挑战。体育参与者都有力求达到完美，取得优异成绩的心理倾向，这样会使得他们做出一些明知不可为而为之的行为，一定程度上增加了运动损伤事件的发生。

（二）健身环境的不安全因素

健身环境的不安全因素主要是指天气等客观条件及运动器材给健身带来的损伤。健身活动容易受天气条件的制约，进行户外体育锻炼时尤为明显。例如，雷雨天气易引发雷击的危险；湿滑场地，易引发扭伤、摔伤的危险；炎热易引发中暑的危险。

运动器材又包含场地器材和运动装备。如果运动器材存在不安全因素，也会给体育锻炼带来一定的运动损伤。例如，场地器材锈蚀老化、检修不彻底等因素，易导致摔伤、擦伤等运动损伤的发生。运动装备是参与项目的主要保障，如服装、鞋子、其他专业装备等。如果运动装备与运动项目不匹配，或者运用不合理，都会带来一定的运动损伤。

三、健身过程中预防运动损伤的主要措施

（一）提高安全意识

安全是达到健身效果的前提条件。如果没有了安全的保障，健身活动也就失去其本来的意义。安全与不安全之间没有过渡，一旦踏出了安全的界限，就直接进入了不安全。但健身过程中的运动损伤又是无法避免的，只有将损伤降至最低，才能使体育锻炼发挥出最大的健身作用。所以，健身过程中，一定要提高安全意识。

自我安全概念对提高安全意识有很大作用。因为个人需要按照保持自我看法一致性的方式行动，自我概念在引导一致行为方面发挥着重要的作用，这就是自我概念地引导作用。所以较高的自我安全概念，会使健身者充分认识到运动损伤形成的原因，并采取积极的应对措施，从而避免了一些损伤的发生。

所有人健身的期望都是为了增进健康，而且不是为了身体损伤。有时候概念决定着人们的期望，这是自我期望的作用，所以自我安全概念有助于参与者提高健身安全意识。提高安全意识的措施包括锻炼前对运动项目可能带来的损伤进行分析、培养自我安全概念、以及积极的心理暗示等。

（二）充足的准备活动

"工欲善其事，必先利其器。"准备活动是使身体各器官和运动系统充分预热，是健身锻炼"利其器"的过程，是体育健身的必要环节。适宜而充分的准备活动对健身效果将起到事半功倍的作用。准备活动可以减少肌肉与韧带的黏滞性，增强其弹性，并促使关节囊分泌更多滑液，从而减少关节的摩擦力，加大关节的灵活性。不但可以提高锻炼效果，而且有效地避免肌肉、韧带等软组织的运动损伤。

准备活动可分为一般性和专项性两种。一般性准备活动是在正式练习前进行的活动量较小的全身性体育锻炼，运动形式主要是慢跑，同时可做一些伸展性体操和牵引性练习，使身体各器官充分活动开，为即将进行的体育锻炼做好准备。专项性准备活动主要是指一些与活动项目相似的准备活动内容。

准备活动是体育健身不可缺少的内容，科学合理地安排准备活动，不仅能使健身者有效地掌握运动技术、技能，提高运动质量，而且能有效地避免运动损伤，所以准备活动的好坏将直接影响体育健身的效果，也是降低运动损伤最主要的措施之一。

（三）运动强度的有效控制

健身过程中运动强度的控制，主要是指对于运动负荷的合理安排。而运动负荷是指人体在运动活动中所承受的生理刺激。按其对人体产生刺激的性质，又把运动负荷相应地分为负荷强度和负荷量两方面。

要想达到良好的健身效果必须具备以下四个因素：锻炼频度为每周 3~5 天；锻炼强度为最大心率的 60%~90%；或最大摄氧量的 50%~85%；运动持续时间为有氧运动 15~60 分钟。

根据超量恢复原理，机体只有在一定的运动负荷刺激下，才能造成一定的反应。引起超量恢复，从而达到促进健康的效果。如果运动过程中，负荷强度和负荷量过小，对机体运动能力的刺激较小，很难达到预期的效果。但如果负荷强度和负荷量过大，会使得机体运动技能明显下降，身体各关节抗击外部压力的能力降低，极易引发损伤。所以，体育健身应遵循循序渐进的原则，锻炼的内容、形式要由简到繁、由易到难、运动负荷由小到大。运动强度只有控制在一定的有效范围内，才能避免因过度疲劳而引起的运动损伤。

（四）运动持续时间的合理安排

运动持续时间是取得健身效果的保证。但并不意味着运动时间越长，健身效果越显著。从运动生理学的角度来说，5 分钟是全身耐力运动所需要的最短时间，60 分钟是坚持正常工作的最大限度时间。每次进行 20~60 分钟的耐力性运动是比较适宜的。但运动持续时间与运动项目、运动强度、运动频度和运动方式、年龄体质因素之间有着密切的关联。库珀认为，心率达到 150 次/分以上时，持续 5 分钟即可收到效果；如果在 150 次/分以下时，就需要 5 分钟以上才能达到效果。

在体育健身过程中，随着运动持续时间的延长，身体的能量也逐渐消耗殆尽，运动代谢产物也不断累积，导致身体机能下降，从而在一定程度上增加了运动损伤的风险。所以，运动持续时间的合理安排，也是降低运动损伤的措施之一。

（五）身体疲劳的积极恢复

体育运动后的疲劳恢复是获得超量恢复的主要途径之一，也是达到预期健身效果的必要手段。所以在运动之后应该采取积极的恢复手段，如慢跑、放松性游戏、伸展运动、按摩等手段，促进身体机能得到有效的放松与恢复。身体的疲劳恢复不仅是排除运动代谢产物，补充能量消耗的过程，也是降低运动损伤的过程。

运动过程中，运动强度的增加，能量的消耗，都会使得各运动器官承受外力的能力下降，会造成一定的损伤。这些损伤处于正常的生理范围之内，可以伴随着能量的补充和疲劳的恢复自动痊愈。但如果运动疲劳没有得到缓慢的恢复，反而会加重这些损伤的程度。久而久之的累加，就会导致更为严重的损伤出现，这就是慢性损伤形成的过程。所以说，运动后身体疲劳的积极恢复也是降低运动损伤的有效措施。

随着社会的不断发展和物质生活水平的不断提高，体育健身也受到越来越多人的青睐。但不可否认的是运动就会带来损伤。要达到理想的健身效果，就必须高度重视运动损伤产生的原因，采取积极有效的措施预防运动损伤的出现。较高的运动安全意识，运动前充足的准备活动，运动中运动强度的有效控制和运动持续时间的合理安排，以及运动后身体疲劳的积极恢复，等都是预防运动损伤行之有效的措施。平时还应认真学习一些简单的运动损伤的治疗方法，以便于在出现运动损伤后做到及时合理的治疗与处理。

第三节　体育健身中的运动疾病

当运动负荷超过了运动员所能承受的生理、心理限度，引起机能紊乱和病理变化而导致的各种疾病，称为运动性疾病。在大众体育健身过程中，常见的运动性疾病主要有以下三种。

一、过度紧张

过度紧张是在训练或比赛时，运动负荷超出了机体所能承受的能力而引起的病理状态，多发生于运动比赛经验不足、体育锻炼基础差、长期中断训练或有某种疾病的人身上。

（一）产生原因

（1）运动训练水平低或生理状况不佳。多发生在训练水平低经验较少的新手身上，有时也会发生在受到了剧烈精神刺激后的高水平运动员身上。

（2）由于伤病导致较长时间中断训练的运动员，突然或过于迅速地投入剧烈训练或比赛中。

（3）患有疾病，特别是患有高血压病、心脏病者，或是急性病初愈而未完全康复者勉强完成剧烈运动或比赛。

（二）主要症状

1. 急性心脏功能不全和心肌损伤

表现为运动后出现头晕、眼花、步态不稳、面色苍白、身体迅速衰弱、呼吸困难，并有恶心、呕吐、咳嗽、咯血沫、胸痛甚至意识丧失。检查时可见脉快而弱，或节律不齐、血压降低等。

2. 昏厥

在运动中或运动后，由于供血量的减少或脑血管的痉挛，而引起脑部突然供血不足而发生的暂时性知觉丧失。昏倒前，常有全身软弱、头晕、耳鸣、眼前发黑、面色苍白。昏倒后，意识丧失或模糊不清、面色苍白、手足发凉、出冷汗、脉率增快或正常、血压降低或正常、呼吸慢或增快。通常在昏倒片刻后，由于脑贫血消除，患者意识很快恢复。但也有经 3~4 小时才恢复的。清醒后，患者精神不佳，仍有头痛、头晕、全身无力，也可有恶心、呕吐，个别患者可出现逆行性健忘。

3. 急性胃肠功能紊乱及运动应激性溃疡

急性胃肠功能紊乱是过度紧张中最常见的一种，常在剧烈运动后即刻或短时间内发病，出现恶心、呕吐、头痛及头晕、面色苍白、呈衰弱状态，呕吐物为食物、黏液及水。有的人在运动后仅有恶心或不适感，仍可少量进食；有的人在运动后 8~10 小时发生呕吐。体检时，腹部有轻微压痛，脉搏稍快，血压多数正常。

4. 脑血管痉挛

运动后突然发生一侧肢体麻木、动作不灵活或麻痹。同时伴有头痛、恶心及呕吐症状。

（三）防治方法

1. 预防

体育运动基础较差者，活动前要做好充分的准备活动，并且注意加强身体的全面训练，运动量的增加要做到循序渐进。患病时应积极治疗并注意休息，避免剧烈运动。伤病初愈或因其他原因中断体育锻炼后再重新参加锻炼时，要逐渐增加运动量，不要马上进行大强度训练或剧烈比赛。在参加体力负担较重的比赛前，应做全面深入的体格检查。

2. 治疗

轻度的过度紧张，应将患者安静平卧，并注意保暖，可服用热糖水或镇静剂，一般经短时间休息即可恢复。对有心功能不全的患者，应处半卧位，保持安静，并针刺或掐点内关、足三里等穴。如果有昏迷，可掐点人中、百会、合谷、涌泉等穴，并请医生处理。

二、过度疲劳

过度疲劳又称过度训练，是指锻炼者由于长期训练不当，或在运动锻炼过程中由于疲劳的连续积累而导致机体出现功能紊乱或病理状态。

（一）产生原因

（1）缺乏科学性，未遵循循序渐进和系统性原则合理安排运动负荷。

（2）身体状况不佳，练习者没有针对性地进行锻炼。

（3）缺乏全面身体训练和心理训练，运动手段单调枯燥，产生生理和心理的过度疲劳。

（4）患病或伤病后未痊愈，生理上和心理上没有足够的准备便参加大强度的运动锻炼。

（5）生活规律的改变，环境、气候的变化，睡眠不足、营养不良等均可导致身体机能下降，引起过度疲劳的发生。

（二）主要症状

1. 呼吸系统疲劳

呼吸系统疲劳主要表现为呼吸功能下降，肺通气量减少，呼吸频率加快、多汗、耗氧量增加，最大摄氧量降低，运动后氧债增加，易患感冒或是其他疾病。

2. 消化系统疲劳

过度疲劳往往还有体重明显下降的现象，这是因为胃肠的功能紊乱，食欲下降，还会引起消化不良、恶心、呕吐、腹胀、腹痛、腹泻或便秘等。

3. 神经系统疲劳

早期或轻度神经系统疲劳患者主要表现为一系列的神经症状、生理障碍。如身体软弱无力、倦怠、精神不振、无运动欲望甚至厌烦运动，心理上有压抑感且缺乏信心。有的锻炼者表现为情绪波动较大，爱激动和发脾气，或反应迟钝，对周围事情淡漠健忘，注意力不集中等，少数人有会耳鸣、心情烦躁、容易激动等症状。

4. 心血管系统疲劳

其常见症状为胸闷、心慌、气短、心前区不适式疼痛、皮疹及女子月经失调等，以及心律不齐，血压增高且不稳定，血红蛋白量下降，恢复期延长等。

（三）防治方法

1. 预防

过度疲劳（过度训练）预防的关键是早期发现和及时治疗。平时一定要注意运动量的安排，切忌运动量过大；要认真进行自我监督，及时预防过度疲劳。

2. 治疗

早期发现，只要调整训练计划和项目，减少运动量，并且注意休息、睡眠，2~3周以后即可恢复正常。过度疲劳发展到中、后期，病情进一步发展，必要时应停止专项训练，调整生活制度，并加强营养；同时根据病情进行药物治疗，如服用VC、VB1、VB6、VB12、葡萄糖、ATP等。只要经有针对性的治疗，重者2~3个月就会恢复正常。

三、运动性贫血

血液中红细胞数与血红蛋白数低于正常值，称为贫血。因运动引起的这种血红蛋白量减少，就称之为运动性贫血。

（一）产生原因

（1）运动性贫血发病缓慢，其临床表现有头晕、恶心、呕吐、气喘、体力下降、运动后心悸、心率加快、脸色苍白等。

（2）由于剧烈运动时血流加速流动，易造成红细胞破裂，致使红细胞的新生与衰亡之间的平衡遭到破坏，从而导致运动性贫血。

（3）运动时肌肉对蛋白质和铁的需要量增加而得不到满足，会引起运动性贫血。

（二）主要症状

运动性贫血症状的轻重取决于贫血产生的速度、贫血的原因和血红蛋白浓度降低的程度。当运动员患有轻度贫血时，安静状态和中小训练量时不出现症状或症状不明显，仅在大运动量训练时才表现出某些症状。中度和重度贫血时，由于血红蛋白含量明显下降，影响运氧能力，因此可出现因缺氧而引起的一系列症状。其主要表现为以下几个方面。

（1）体征。轻度贫血体征不明显，中、重度贫血可出现皮肤和黏膜苍白、舌乳头萎缩、心率加快、心尖部出现收缩期会有吹风样杂音，较重者可出现肢体浮肿、心脏体积扩大等体征。

（2）神经系统。会出现头痛、头晕、失眠、反应能力降低等症状。

（3）内分泌系统。女运动员可出现月经紊乱或闭经。

（4）心肺系统。贫血造成运氧能力下降，血氧减少，机体出现一系列代偿现象，如心悸、心慌，活动后更加明显，甚至出现呼吸急促。

（5）血液检查。男红细胞数低于400万/立方毫米，血红蛋白量低于120克/升；女红细胞数低于350万/立方毫米，血红蛋白量低于105克/升；14岁以下儿童少年的血红蛋白量低于120克/升，就诊断为贫血。目前运动性贫血的称呼逐渐被运动性低蛋白血症代替。

（三）防治方法

1. 预防

遵循循序渐进和个别对待原则，合理调整膳食。如运动时经常有头晕症状时，应及时诊断医治。

2. 治疗

如运动中（后）出现头晕、无力、恶心等症状时，应适当减小运动量，必要时暂停运动，并补充富含蛋白质和铁的食物，口服硫酸亚铁，这对治疗缺铁性贫血效果显著。

四、运动性昏厥

在运动中,由于脑部突然血液供给不足而出现的暂时性知觉丧失现象,称之为运动性昏厥。

(一)产生原因

运动型昏厥是由于剧烈运动或长时间运动,使大量血液积聚在下肢,回心血量减少,也和剧烈运动后引起的低血糖有关。

(二)主要症状

发病前患者有全身乏力、面色发白、头昏、耳鸣、恶心、眼前发黑和出虚汗等症状。严重的会突然失去知觉昏倒。昏倒后,患者面色苍白,四肢发凉,脉搏是慢是快,呼吸缓慢,一般在昏倒片刻之后,由于脑缺血消除,知觉恢复而清醒,醒后精神不佳,仍会伴随有头昏和无力感。

(三)防治方法

1. 预防

平时要经常坚持体育运动,以增强体质;久蹲后不要突然起立;切记不要带病参加剧烈运动;疾跑后不要立即停下来;不要在饥饿的情况下参加剧烈运动。

2. 治疗

使患者平卧,足略高于头部,并进行由小腿向心脏方向的推摩或拍击。同时用手指点压人中、合谷等穴位,必要时给氨水闻嗅。如有呕吐,应将患者头偏向一侧。如停止呼吸,应马上进行人工呼吸。轻度休克者,应由同伴搀扶慢慢走一段时间,帮助进行深呼吸。

五、肌肉痉挛

肌肉痉挛俗称抽筋,是指肌肉发生不自主的收缩反应。运动中小腿腓肠肌和大腿后群肌肉发生痉挛较为常见。痉挛的肌肉僵硬、剧烈疼痛、肿胀,从而使肌肉的运动能力和柔韧性降低,肌肉痉挛所涉及的关节的功能也会发生一定的障碍。

(一)产生原因

(1)肌肉疲劳。长时间或大强度的运动训练,会引起肌肉结构的损伤,肌肉的血液循环和能量的物质代谢发生改变,肌肉中大量的乳酸和代谢废物堆积,肌肉收缩与放松不能交替进行,从而引起肌肉痉挛。

(2)电解质和水丢失过多。运动中大量排汗,特别是在高温条件下长时间的剧烈运动,使电解质从汗液中大量丢失,肌肉的兴奋性增高,引起肌肉痉挛。

（3）其他因素。肌肉受到寒冷刺激，兴奋性会增强，易发生强直性收缩。肌肉突然受到外力的猛烈打击等，也会产生强烈收缩而引起痉挛。

（二）主要症状

痉挛的肌肉僵硬，疼痛难忍；痉挛的肌肉所涉及的关节有一定的伸屈功能障碍。

（三）防治方法

1. 预防

（1）运动前做好准备活动，对容易发生抽筋的肌肉可事先做适当的按摩。

（2）注意保暖，注意电解质的补充和维生素的摄取。

（3）加强身体锻炼，提高机体的耐寒能力和耐久力。

（4）采取科学的降体重和控制体重的方法。

2. 治疗

一般肌肉痉挛只要向相反的方向牵引痉挛的肌肉，即可缓解或消失。牵引时用力宜缓慢、均匀，切忌用力过猛，以免拉伤肌肉。大腿后群肌肉、小腿腓肠肌痉挛，可尽力伸直膝关节，用力将踝关节充分背伸，尽可能地拉长痉挛的肌肉。缓解后，配合局部按压、揉捏、点掐、针刺等有关穴位，效果会更好。

六、运动中腹痛

运动员在训练和比赛中，因生理和病理原因而发生的腹部疼痛症状，称为运动中腹痛。运动中较常见的是肝脾淤血，胃肠痉挛和膈肌痉挛导致的腹痛。

（一）产生原因

（1）缺乏训练或训练水平较低，准备活动不充分。

（2）饭后过早地参加运动，运动前吃得过饱、过多，或吃了较难消化的食物使胃肠充盈、饱满。在剧烈的运动中受到牵扯引起胃肠痉挛。空腹运动时，由于胃酸或冷空气对胃的刺激，也可引起胃痉挛。

（3）运动中呼吸与动作之间的节奏配合不良，呼吸急促、表浅，使呼吸肌的收缩过于频繁、过于紧张与疲劳，引起膈肌痉挛。

（4）运动的速度和强度突然过快和过大，以致内脏器官和心肺功能赶不上肌肉工作的需要，引起腹痛。

（5）运动中腹痛的程度与运动负荷的大小成正比：强度小，较慢速度运动时，疼痛不明显；随着运动负荷的加大，疼痛逐渐加剧。

（6）腹内的某些疾病，如肝炎、胃炎、肺炎、肠炎、胆结石、胆囊炎等也会引起运动中腹痛。

（二）主要症状

呼吸肌活动紊乱或痉挛疼痛部位以季肋部和下胸部多见，疼痛性质为锐痛，且与呼吸活动有关。肝脾淤血腹痛的部位多数发生在左、右上腹，呈钝痛或胀痛。胃肠功能紊乱或痉挛疼痛部位在上腹部或肚脐周围，宿便刺激引发的肠痉挛，其疼痛部位多在左下腹。疼痛性质可以是钝痛、胀痛，甚至绞痛。

（三）防治方法

1. 预防

（1）遵守训练的科学原则。运动前要做好充分的准备活动，运动时应循序渐进地增加运动负荷。注意加强全面身体训练，提高心血管机能水平；在训练和比赛时要调整好运动与呼吸节奏，合理地分配运动速度。

（2）运动前体检，排除疾患。对于出现过腹痛现象的运动员，应积极到医院进行全面检查。如果患有腹内、外疾病，应进行彻底治疗。

（3）合理安排膳食。运动前不要吃得过饱或饮水过多，不吃不易消化或产气的食物；餐后 1.5～2 小时才可以进行剧烈运动；切记不要在饥饿状态下参加训练。

2. 治疗

（1）对运动时出现腹痛的运动员要慎重对待。首先要了解腹痛的性质、部位，根据腹痛的部位与运动负荷的关系，来判断是由疾病引起的，还是由与运动有关的生理原因引起的，做到有的放矢。

（2）出现腹痛时应立即降低负荷强度，适当减慢速度，调整呼吸和动作节奏，再用手按压疼痛部位，如果无效或疼痛反而加重，应立即停止运动，请求医生治疗。

（3）对疾病引起的腹痛应根据原发疾病进行相应的治疗。

七、运动性中暑

由于人体运动时产生的热超过了身体的散热能力而发生的高热状态，称为运动性中暑。运动性中暑可分为热射病、日射症、热痉挛和循环衰竭四种类型。

（一）产生原因

1. 热射病

热射病是发生在高热环境中的一种急性病。运动时，体内产热较多，如果天气温度和湿度较高，且空气不流通，散热就会受到影响，热量在体内大量积累，就会造成体温大大升高，水、盐代谢出现紊乱，严重影响体内的生理机能及中枢神经系统的机能活动。

2. 日射症

由于阳光直接照射头部而引起的机体强烈反应称为日射症。

3. 热痉挛

热痉挛是指运动中机体大量排汗，失水失盐过多以致电解质平衡紊乱，发生肌肉疼痛和痉挛。

4. 循环衰竭

由于运动时机体失水过多，使血容量减少，如果心脏功能和血管舒张调节不能适应，会导致周围循环衰竭而发生中暑。

（二）主要症状

运动性中暑多见于年轻的锻炼者。运动性中暑与一般中暑不同的是骤然发生居多，主要症状有高热、中枢神经系统功能障碍和皮肤发热、干燥、呈粉红色。

（三）防治方法

1. 预防

（1）夏天炎热，一定要安排好训练最为适宜时间，避免在一天中最热的时间里进行训练。热天运动时，宜穿浅色衣服，戴遮阳帽。保证充足的睡眠，并加强常规医务监督。

（2）安排好炎热天气训练和比赛时的营养和饮水，注意补充食物中的蛋白质，额外增加维生素 B1、B2、C 供给量。组织合理的水盐供应，主要是强调运动员采取少量多次饮水的原则。训练或比赛后的氯化钠供给量宜从常温下的 10～15 克增加到 20～25 克，所需氯化钠可通过含盐饮料、菜汤和盐渍食品提供。

（3）对不耐热个体要加强预防措施。中暑存在明显的个体差异，一些人对炎热较敏感。不耐热个体是指某些人不能耐受炎热，其体温升高早于一般人，他们更易出现中暑。年轻人发生运动性中暑的危险性较大。对炎热低耐受性的诱因有脱水、肥胖、体能水平低、疾病、皮肤因素等，有诱因存在时应该减少或避免炎热天气时的剧烈运动。

2. 治疗

首先必须降温，迅速将患者移到凉爽、通风的地方，平卧休息，头部稍垫高，松解衣服，全身扇风，头部冷敷，用温水或酒精擦身，服饮盐开水或清凉饮料，必要时服解热药物。肌肉痉挛者主要是牵引痉挛的肌肉，补充盐和水。头痛剧烈者，针刺或点太阳穴、风池、合谷、足三里等穴。如有昏迷，需刺激人中急救，对四肢进行重推摩和揉捏，必要时一面急救，一面迅速送医院治疗。

八、运动性高血压

运动性高血压是指因运动过度和过度紧张所导致的血压升高的一种症状。

（一）产生原因

（1）连续大运动量训练，缺乏必要的调节。

（2）生活没有节奏。

（3）运动负荷增加过快。

（4）病后运动负荷过大，不适应。

（二）主要症状

可出现头痛、头晕、睡眠不佳，一度产生贫血症。

（三）防治方法

1. 预防

注意适当控制训练强度、密度、次数等。年龄较小者应限制比赛次数和力量性练习。只要正确合理地安排负荷量，就能恢复正常。

2. 治疗

对原发性高血压病患者应避免剧烈运动，可适当参加体育锻炼。生活要有规律，并且劳逸结合。有症状时可给予药物治疗。

第七章 体育教学训练路径

第一节 力量素质和速度素质训练

一、力量素质训练

多数体育生都是在高二才加入体育训练的队伍的，由于没有长期系统的专业训练，要想在短期内迅速提高运动能力进而取得优秀的体育高考成绩极易在训练过程中走进误区，进而造成运动成绩起伏不定，停滞不前的现象。体育高考主要分为身体素质和球类两大考核部分，力量素质作为身体素质的重要组成部分。将直接影响体育高考的总成绩。因此，如何在力量素质训练的过程中，避免误区争取训练效果的最大化显得尤为重要。本节将从以下几点对力量训练的注意事项进行阐述。

（一）力量素质的发展既要全面也要突出重点

机体作为一个有机的联系整体，不能单独靠某一部分的肌肉发力来完成动作。针对相对复杂技术动作，需要全身不同肌肉群的整体配合工作才能完成。通过世界男子百米大战可以看出，优秀运动员均重视全身肌肉力量的协调发展，而不是单纯强调下肢或局部力量素质的发展。因此，在发展力量素质的过程中，在发展下肢力量素质的同时也应该加强上肢和胸、腰、背和臀等部位大肌肉群的锻炼，同时也要注重发展核心部位的深层次肌群和其他薄弱小肌群力量。

（二）做好充足的准备活动，训练结束后要及时放松肌肉

在正式参加比赛或训练前一定要做好各项准备活动。通过准备活动能够提高中枢神经系统的兴奋水平，增强机体对大负荷强度刺激的感觉；增强氧运输系统的机能，从而提高工作机群的代谢水平；此外还可以使体温提高，降低肌肉的黏滞性、增加弹性；让肌肉最大限度地发挥收缩力量，同时还能有效地预防肌肉损伤。力量训练结束后，由于乳酸的堆积使得肌肉常常会出现充血肿胀的现象。因此，在力量训练结束后要及时采取各种活动性手段、整理活动或保证良好的睡眠、合理的营养补充，以及按摩理

疗等方式，使肌肉充分放松。

（三）集中注意力，加强安全保护意识

肌肉活动总是在中枢神经系统的调节下进行的，力量练习时需要集中注意力。充分靠目标肌群有效发力完成动作练习，真正做到使意念活动与练习动作紧密保持一致；练哪里靠哪里发力。这样不仅可以使肌肉力量得到更好的发展，还能降低在大负荷练习时的受伤概率。另外，为了加强力量练习的安全性，还应加强学生的自我保护和互相保护意识，在大负荷重量练习时严禁单独训练。在临近力竭时，更应该注意加强同伴之间保护，预防安全事故的发生。

（四）与专项动作相结合，保证技术动作的规范性

不同的专项动作有不同的技术结构，要求参加工作的肌肉群力量也不同。如投掷类项目要求学生竭尽全力使器械能够获得最大的加速力量。因此，在力量训练的过程中要根据专项技术的动作结构来选择恰当的练习方法，从而更好地获得发展有关肌群力量的效果。在实际力量练习时，必须按照相关动作的技术规格要求严格进行，否则身体姿势的不正确会导致技术动作变形，这样不仅会影响目标肌群的训练效果还会增加运动损伤发生的概率。例如，在进行杠铃深蹲练习时需要双眼平视前方，始终保持收腹挺胸腰背部挺直，靠大腿、核心部位肌群协同发力。针对大负荷训练要系好腰带，严防弓背的出现。为了进一步加强安全保护，可以在杠铃两侧安排两名保护人员的保护以防腰部损伤。

（五）要掌握正确的呼吸方法

憋气有利于固定胸廓，提高核心肌群的紧张程度，通过有效的憋气可以提高人体在极限状态下完成动作的最大力量。有学者研究发现，人在憋气状态时背力最大为133公斤，在呼气时为129公斤，而在吸气时只有127公斤。尽管如此，也应该注意到过度用力憋气会引起胸廓内压力的提高，使动脉的血液循环受阻，导致脑贫血，甚至产生休克现象。因此为避免憋气产生不良后果，当短时间内完成最大用力时，应尽量避免憋气，尤其在负荷不大的重复做练习时，更不要憋气。针对初始训练者，应尽量减少极限用力的练习，引导其在练习过程中学会正确呼吸；此外尽量减少在完成力量练习前做最深的吸气，因为过度深吸气会增加胸廓内的压力从而导致练习效果不佳。

（六）要制订系统的训练计划

根据用进废退的原理，力量素质训练应全年按照系统安排，不能无故中断。相关研究证明，力量增长得快，在停止训练后消退得也快。但是，发展力量素质练习不宜在疲劳的状态下进行，因为这种状态下的练习主要发展的是肌耐力而不是肌力量；同时可能还存在潜在的安全隐患，至于训练效果更是大打折扣。

力量素质训练应该依据不同人群、不同项目以及训练任务的不同而区别对待，负荷的安排应具有明显的周期性、波浪式的特点。力量训练课的次数应根据训练课所处的阶段和周期、需要达到的具体目标、训练者的年龄、性别、身体状况、特别是现阶段的训练水平等做出具体安排调整。需要注意的是在体育高考前半个月内，应尽量少对大肌肉群采用极限负荷的练习。在每次训练中，先安排发展最大力量、速度力量，最后安排力量耐力的练习。

在进行发展力量素质的训练课中应使全身各肌肉群得到充分锻炼。一般按照从下肢肌肉群到核心肌肉群再到上肢和肩带肌肉群顺序进行的练习。根据专项训练动作应先安排复合动作使主要的大肌群得到锻炼，然后再安排孤立动作使局部肌群再得到充分锻炼。

力量性训练作为身体素质的重要组成部分，对体育高考总成绩发挥起着重要地作用。教练员应该高度重视力量素质的训练，掌握有效的训练方法。确保学生在有限的时间内不断提高训练水平，为体育高考做好充分的准备。

二、速度素质训练

速度素质是指人体快速运动的能力，包括人体快速完成动作的能力和对外界信号刺激快速反应的能力，以及快速位移的能力。现代中职院校学生身体速度素质和十年前相比明显不足，学校体育教师、教练员可结合实际提高以下几个方面认识，加强对学生素质的培养，全面提高学生的素质从而带动学校体育活动的开展。

（一）速度素质包括反应速度、动作速度和移动速度

反应速度是指人体对各种信号刺激快速应答的能力。动作速度是指人体或人体一部分快速完成某一个动作的能力。移动速度是指人体在特定方向上位移的速度，以单位时间内机体移动的距离为评定指标。一位具有良好移动素质的运动员，不一定也具有良好的反应速度。

（二）各项速度素质的训练应明确的问题

1. 反应速度训练应明确的问题

首先，反应速度由神经反射通路的传导速度所决定，基本属于纯生理过程，不受其他因素影响。纯生理过程的提高是相当困难的，很大程度上取决于遗传因素，通过训练可使学生运动员潜在的反应速度能力表现出来并稳定下来。其次，在训练中运动员注意力集中与不集中大不一样，运动员注意力集中，可使神经系统处于适宜的兴奋状态，使肌肉处于紧张待发状态，此时，肌肉的反应速度比处于松弛状态时可提高60%左右。这种状态有时间限制，一般适宜时间为1.5秒左右，最多8秒。因此，短跑运动员在预备起跑时，要紧紧地压住起跑器，把思想集中准备迅速迈出第一步。最后，

反应速度的提高在很大程度上取决于运动员对信号应答反应的动作熟练程度。在进行反应速度的训练时，还要经常改变刺激因素的强度和信号发出的时间。

2. 动作速度训练应明确的问题

提高应与掌握和保持正确的技术动作紧密地结合在一起。专门性的动作速度训练与专项比赛动作要求相一致。在使用反复做某一个规定动作为手段发展动作速度时，应合理地变换练习的速度。练习的持续时间一般不宜过长，动作速度的训练强度较大。运动员的兴奋性要求高，一般不应超过20秒。练习与练习之间的间歇是由练习的强度所决定的，练习强度大，需要的间歇时间就应该长些。但也不要忘记，间歇时间过长会导致兴奋性下降，不利于用剩余兴奋去指挥后边的练习。如持续时间5秒、强度达到95%以上的练习，间歇时间以30～90秒为宜。

3. 移动速度训练应明确的问题

第一，测定移动素质的手段常用短距离跑；距离不要过长，可用30～60米的距离；最好不从起跑计时，而测验其全速跑通过某段距离的能力；在运动员不疲劳、神经兴奋性高的状态下测验；可测定2～3次，取最佳成绩。第二，最大步频和快速跑中的支撑时间对运动员的快速移动能力有着重要影响，优秀运动员单脚撑地时间为0.08～0.13秒，普通人为0.14～0.15秒。第三，提高移动速度有两个基本途径：一是力量训练，使运动员力量增长，进而提高速度；二是反复进行专项练习。无论通过哪个途径提高移动速度，训练中都必须重视确定适宜的训练负荷。第四，在训练实践中运动员力量得到提高，并不意味着移动速度马上可以提高，也有当力量训练负荷减小以后才有提高的，这种现象叫"延迟性转化"。

三、提高各项速度素质的常用手段

（一）反应速度训练常用的手段

信号刺激法：利用突然发出的信号提高其对简单信号的反应能力。运动感觉法：需要经过三阶段。一是让运动员快速地对某一信号做出应答反应，然后教练员把时间结果告知。二是先让运动员估计时间，通过测定进行比较，提高运动员对时间的准确感觉。三是要求运动员按事先所规定的时间去完成练习，这样可以提高其对时间的判断能力，促进反应速度提高。选择性练习，具体做法是，随着各信号复杂程度的变化，让运动员做出相反的应答动作。

（二）提高动作速度常用的方法手段

利用外界助力控制运动员的动作速度，在使用时必须掌握好助力的时机及用力的大小，同时还应让运动员很好地感觉助力的时间及大小，以便使他们能独立及早地达到动作速度的要求，减少外界自然条件的阻力，如顺风跑等。利用动作加速或利用器械重量变化而获得的后效作用发展动作速度。借助信号刺激提高动作速度。缩小完成练习的空间和时间界限，如球类利用小场地练习。

（三）提高移动速度常用的手段

首先，发展最高移动速度，每次练习的持续时间不能过长。应以使每次练习均以高能磷酸原代谢为主要供能途径，一般地讲，应保持在20秒以内。多采用85%～95%负荷强度，练习的重复次数不应过多，以免训练强度下降。确定间歇时间的长短，应能使运动员机体得到相对充分地恢复，以保证下一次练习的进行。休息时，可采用放松慢跑，做伸展练习。其次，是各种爆发力的练习和高频率的专门性练习，如田径短跑，做高抬腿跑、小步跑、后蹬跑，车轮跑等。也可以利用特定的场地器材进行加速练习，如斜坡跑和骑固定自行车等。

四、速度训练的基本要求

（1）速度素质训练应结合运动员所从事的专项运动进行，如在短跑项目中应着重提高他们听觉的反应能力，在球类运动中应着重提高视觉反应能力。

（2）速度素质训练应在学生兴奋性高、情绪饱满、运动欲望强的情况下进行，一般应安排在训练课的前半部。

（3）速度提高到一定程度时，常会出现进展停滞、难以提高的现象，称为"速度障碍"。出现速度障碍时，可采用牵引跑、变速跑、下坡跑、带领跑、顺风跑等手段予以克服。

（4）掌握学生的实际身体情况，科学地安排速度训练。由于移动速度具有多素质综合利用的特点，移动素质的发展与力量、耐力等其他身体素质的发展有着密切的关系。因此，对学生进行速度训练的同时，要十分重视全面身体素质的训练。

第二节　耐力素质和柔韧素质训练

一、耐力素质训练

近几年来，国家在推进素质教育的同时，也相当重视学校体育和学生健康，首届全国学校体育工作会议中，提出要把学校体育与开展"全国亿万学生阳光体育运动"作为全面推进素质教育的重要突破口和主要工作方面；在《中共中央国务院关于加强青少年体育增强青少年体质的意见》中明确提出要"全面组织实施初中毕业升学体育考试，并逐步加大体育成绩在学生综合素质评价和中考成绩中的分量"。习近平总书记在今年召开的全国卫生与健康大会上也提出"要把人民健康放在优先发展的战略地位"。

但近年来，我们国民耐力素质呈下降趋势且越演越烈，学生长距离跑能力下降、马拉松广州赛就有参赛队员在比赛中猝死的情况等，都说明了这个问题。因此，学校体育作为培养学生们养成终身体育习惯的重要途径，贯穿学生学校学习的全过程，我们有必要通过学校体育课堂对学生进行耐力素质训练，增强学生心肺功能，提高学生的身体素质。

（一）将耐力素质训练融入体育课中的必要性

1. 耐力素质训练可有效促进学生身体素质的发展

耐力素质，是指人体在尽可能长的时间内进行肌肉活动的能力，耐力也可看作对抗疲劳的能力。长期的耐力练习，可以使大脑皮层长时间保持兴奋与抑制有节律地转换，使大脑皮层神经过程的均衡性得到改善，神经细胞的工作能力和支配肌肉活动的各运动中枢之间的协调也能够得到改善。特别对提高心血管系统和呼吸系统的机能具有良好的效果。

从小学到初中，再到高中人体都是在快速地生长发育中，而不同年龄阶段身体骨骼和肌肉坚实度都有所不同，所以我们要根据学生在不同年龄阶段、不同发展层次的身体特点，有针对性地去培养和加强学生的身体素质，注意控制学生在体育锻炼中的量和强度问题。对于中、小学生而言，我们强调的是有氧的耐力性练习要居多，这样更有利于学生身体素质的发展，减少给学生身体带来的伤害。在耐力素质不断提升的同时，也为学生自己所喜欢的一些项目的学习和提高提供有力的体能作为保障，否则一切都是空谈。

2. 耐力素质是保证持续完成任何运动的前提保障

身体素质包括五个方面：力量、速度、耐力、灵敏、柔韧，在五项基本素质中，其中耐力是重要保障。如百米跑后程就要有充足的体能做保障，进行肌肉力量练习做的组数多或做的练习类型多同样也需要耐力做保障。耐力是保证持续完成任何运动的前提，无论是在球类运动还是其他运动，除了技术，到最后拼的都是耐力，只有身体持续不断地提供充足的体能储备才能更好地发挥自己的能力，才能有更好的精神状态投入一天的学习和生活当中。

成为国家栋梁的人才基本都是从学校这个大门走出来的。我们在学校体育课的教学中强调耐力素质的重要性，无疑是为社会培养的各个阶层的人才在校期间储备耐力素质的能力，一步一步的从小学、初中、高中，然后到大学，几乎长达20年学校生涯里练就他们健康的体魄，以充沛的体能，旺盛的精力，饱满的精神状态和健康的身体状况投入社会主义各个行业的工作岗位上去，并逐步养成终身体育的习惯，时时刻刻都有一个好的身体基础。良好的锻炼习惯，像一部崭新的机器一样良好地运转起来。由此看来，在学校体育课中，将耐力素质融入其中就显得更加紧迫了。

（二）推动体育课中耐力素质训练的方法

1. 考虑学生运动需要，激发学生的运动兴趣

在体育课程中，采用哪些方法、开展哪些内容去开展和推行耐力素质训练。教师首先要考虑的就是学生的运动需要，激发学生的运动兴趣。

什么是运动需要？就是学生对体育运动的自身价值所产生的趋势，或想掌握某项体育运动技能的一种需要。如何判断学生的运动需要？我们可以从健身锻炼的方向出发，结合体育心理学方面的知识，以及学生的兴趣爱好，考虑他们的情感需要，找出学生的运动动机和运动兴趣所在。通常我们运动是需要得到满足的，一旦满足就会产生运动的愉悦感，从而激发其运动兴趣。所以说，学生的运动需要是其运动兴趣得以激发与培养的源泉。

除运动需要外，融洽的师生关系、现有运动技能水平、运动内容的新奇性与适应性和成功体验的获得，都是影响运动兴趣的主要因素。其中，融洽的师生关系可以保证教师引导学生向健康积极的方向上发展。

2. 丰富健身田径运动形式，通过游戏性比赛调动学生运动积极性

最近几年不断提出了很多好的健身锻炼的方式，如健身田径运动、少儿田径运动、自然环境中的田径运动和趣味性的田径运动等，都是从不同角度和方面去让运动更有价值、意义和趣味。

本节中提到的健身田径运动，也都是结合了田径中最基本的走、跑、跳、投掷等各种技能，既是人类本能的运动基础，也是表现基础运动能力的专门技能。如散步、快走、定时跑、定距跑、走跑交替、跳绳、跳跃游戏等，对于参加者来讲负荷适宜、效果全面、条件随意、终身受益。因此，我们可以通过开展丰富的健康田径运动形式，通过游戏性比赛调动学生的锻炼积极性及对所学知识、技术的综合运用能力。

3. 进行适宜耐久跑，逐步提高学生耐力素质水平

适宜距离、强度、速度的耐久跑会给学生身心带来愉悦和欢快。所以耐久跑应以中等强度、保持适宜的时间和确定适宜的距离为前提，提倡个人根据自己的实际情况，确定练习方式和负荷，以个人自我进步度的评价作为控制练习的依据，避免出现因"比赛"和"达标"等约束条件的影响，被动性地超出个人力所能及的练习负荷，造成运动伤害。

在耐久跑中使学生懂得耐久跑的价值与作用，了解跑的正确方式和节奏，能在跑前、跑后进行自我脉搏测量，懂得健身跑的心率应控制在 120～150 次/分钟为宜。体育教师采纳并且执行也可以根据自己学校的实际情况，做到灵活变动和因地制宜，

定会收到不断改善提高的效果。

关于跑的正确方式和节奏，教师应给予学生指导。一是要形成正确的跑姿和跑的方法，养成健身跑的习惯。教师可以通过图片、媒体展示或师生简述与示范，使学生了解并掌握耐久跑正确的动作方式，能够做到动作轻松、步伐均匀和重心平稳。二是要学会呼吸方法和掌握呼吸节奏，这是练习耐久跑的基础要求。13岁左右的中学生在运动时主要靠提高呼吸频率来增大肺通气量，而呼吸深度增加不多。这与他们胸围较小、呼吸肌力量弱、肺活量小及呼吸调节机能不够完善有关。为此，要在慢跑中有意识教会他们正确的、有节奏的呼吸方法，注意加深呼吸的深度是很有必要的。

只要能做到以上几点，并且教师认真负责地去有针对性地安排指导学生练习，就会慢慢地提高不同阶段学生耐力素质的水平。随着年级的不断提高，耐力素质水平会呈明显的上升趋势，这样也为解决学生中后期体能储备不足找到了解决的方法。

二、柔韧素质训练

科学技术快速发展的今天，人类社会无论是在社会科学上，还是在人文科学上都得到了前所未有的发展。这一系列的发展也使得我们的生活发生了改变。科学技术的大进步，使得整个社会大发展，当然这也大大提高了体育在世界上各个国家的地位，体育的比赛变成了国家与国家的比赛，体育实力更象征了国家的实力。正因为如此，也使得世界各国更加重视体育运动。

众所周知，柔韧素质是提高训练水平的重要因素之一。柔韧素质的提高不但有利于技术动作很好地完成，而且利于提高动作质量与动作幅度，其表现为协调性的不断提高、节奏感强、运动能力的明显增长等。运动员如果不在柔韧性上做大强度、高效率的训练，那么他们在运动技术、运动成绩方面将很难得到更大的提高。因此，必须充分重视柔韧素质，并且科学地进行训练。

（一）柔韧素质的理解

体能是以人体三大供能系统为能量代谢活动的基础，通过骨骼肌的做功所表现出来的运动能力。体能是运动员的基本运动能力，是运动员竞技能力的重要构成因素。运动员身体素质的发展受多种因素的影响。

1. 柔韧素质的概念

柔韧性素质是指各关节活动范围的大小及肌肉、肌腱和韧带等组织的伸展能力。在《牵伸训练》中"柔韧性"一词是指"正常"范围内的运动能力。

2. 柔韧素质的分类

与静力柔韧相关的关节在不强调速度的条件下进行拉伸时的运动幅度（ROM）有关，因此静力性柔韧是静力性牵伸的结果。弹性柔韧性，通常跟摆动、弹起、弹回和节律性运动有关。动力性或功能性柔韧性是指在以正常速度或快速进行身体活动时运用一系列关节的运动能力。活动性柔韧性是指没有外力辅助的条件下，由肌肉主动运动时的活动范围。

（二）目前国内对"柔韧素质"研究的文献分析

笔者通过查阅《中国期刊全文数据库》《贵州师范大学图书馆》《贵州数字图书馆》以及大量与柔韧素质相关的文献，发现当前涉及"柔韧素质"的相关文献多数涉及体育运动中柔韧素质的重要作用及地位和体育运动训练中柔韧性的训练方法和手段等领域，关于体育运动中柔韧素质的具体可实施性的对策和建议的文献相对较少。从笔者掌握的文献来看，当前对体育运动中柔韧素质的探讨和研究基本集中在以下几个领域：

1. 柔韧素质在体育运动中的重要作用及地位

赵余骏、许寿生、李燕在《PNF训练对少儿艺术体操练习者柔韧素质的影响》中提到通过对实验组和对照组两组实验结果数据的对比分析和对每名练习者自身的两次数据进行对比分析，得出系统的训练、PNF训练和传统柔韧素质训练都能使练习者的柔韧素质得到相应的提高。少儿艺术体操练习者柔韧素质训练采用PNF训练法，相比传统柔韧素质训练的负荷强度而言，相对较小的负重负荷，可以使柔韧素质得到显著性提高。拉伸法不仅仅在提高肌肉的柔软性方面有很大的作用，而且能够很明显地提高肌肉发力的柔韧性，可以作为柔韧训练一种很好的方法。静力性拉伸法可以提升柔软性，但对于肌肉柔韧性的提升方面并不是很理想。刚开始柔韧训练可以采用PNF拉伸法和静力性拉伸法进行练习。训练到一定阶段后，可以用PNF拉伸法进行训练，这样可以适应各个阶段的训练需求。

蔡广浩、熊凡在《静力拉伸和动力拉伸对提高柔韧素质的研究综述》中表示，在人们的意识中虽然体现出了静力性拉伸优于动力性拉伸的想法，但是相关方面的研究仍显不足，所以在理论上的支持仍需实验数据的支撑。从搜集的资料上来看，大部分研究都集中在练习手段的开发上，专门针对动力和静力练习效果的研究较少。并且由于人们对于柔韧素质训练普遍认识程度不够，对训练方法的区分和操作不熟悉，很容易在训练和健身过程中造成运动损伤，影响运动成绩和训练热情。

孙红在《论柔韧素质在跳高运动员身体素质中的重要地位》中指出身体素质是人体器官、系统机能在肌肉工作中的反映。它是身体发展，体质增强的主要内容，也是一个人健康水平的重要标志。身体素质是从事各项体育运动的基础，是取得优异运动成绩的根本保证。发展和提高身体素质是体育教学训练中的重要任务，是提高运动员运动水平和运动技术的根本保障。运动能力的掌握和提高，良好的身体素质是关键的支柱。因此，身体素质的发展状况对掌握、巩固和提高技能技术、顺利完成教学和训练任务来说是极其重要的。因此，笔者认为柔韧素质在其中起到一个重要作用。

以上三者都对柔韧素质的重要作用及地位从多个角度进行了系统而全面的分析和研究，并都较为准确地指出了柔韧素质在体育运动教学和训练中的重要作用和地位，并开展了高深度、多视角的读解。

2. 体育运动中柔韧素质的技术教学及运动训练方法方式

陈志刚、董江在《青少年短跑运动员的柔韧素质训练探析》中指出青少年田径短跑运动员柔韧素质比较差，导致了他们在协调性上也较差，在技术动作上的缺点是动作幅度小而生硬。这种情况使他们在运动技术的提升上和训练成绩的增长上也受到了很大的影响。青少年在这个阶段正是生长发育旺盛的时候，年龄的增加会带动身体状态、机能等方面发生很大的变化。因此在青少年时期如果我们能够对运动员制定一系列有计划、有目的性的柔韧素质训练，这将会使他们很快地掌握短跑技术、技能，并且不断提升运动的水平。柔韧素质练习的基本方法与手段有以下几个方面：一是静力拉伸练习法。将平缓的动作保持在静止不动的状态，从而使肌肉、韧带等软组织拉长到一定程度，在这个拉伸过程中，肌肉、韧带能够获得较长时间的刺激，这是这个方法的一个重要特征。二是动力拉伸练习法。自主拉力运动法是一种屡次重复相同动作的有规律的、相对较快的运动方法。在短跑训练中这种练习方法有个主要特征，就是肌肉强度改变的最大值在自主拉力的时候大概比静力拉伸大两倍。三是柔韧性练习常。柔韧性素质练习一般通过以下方法：第一，正弓步压腿，这是为了提高腿部后侧肌肉的柔韧性。第二，侧弓步压腿，是为了提高腿部内侧肌肉的柔韧性。第三，后压腿，练习的目的是增加腿部前侧肌肉的柔韧性。在我们的研究中发现，一些运动员往往会忽略其他素质的训练，为了提升成绩只是在速度和力量上进行练习，这种情况也会造成他们的成绩提升受到负面影响，而事实是柔韧素质的好坏程度决定了其他素质的发展，各素质的发挥和利用也受它影响，它是联系各素质间的一种良好的媒介。

郭书华在《柔韧素质锻炼方法》中指出柔韧素质是很多体育运动项目必须具备的重要体能之一。针对小学生的柔韧素质的提升，采取了一系列方法策略，并收到了很好的反馈。其方法策略的有以下几种：（1）吻靴。目的：低弓步压腿，重点训练膝关节的柔韧性。动作方法：训练者一条腿屈膝成半蹲状态，另一腿向前伸直成弓步，脚跟着地，勾脚尖，身体前屈两手抓住前伸的脚尖，两臂屈肘用力向后拉，上体屈髋前俯，头以及下颚尽力去碰触脚尖。控住几秒后上身缓缓抬起，间歇一会儿后做换腿重复练习。（2）双人拉锯练习。目的：用于提高学生腰背部、腿部后侧和膝关节韧带。动作练习方法：两人一组对面坐地上，脚相对，腿伸直，上体前屈，手相扣前后拉动。（3）扶腿压前屈。目的：提高腰部、腿部柔韧性。动作方法：一人仰卧，两腿并拢，两腿做体前屈，一人扶其腿下压。（4）脚迈过"圈"。目的：提升身体柔韧性，增进腰腹肌肉力量。动作方法：训练者站立两手相握放体前。身体前屈，左右脚依次从两手臂和躯干成的圈内迈出。当脚都迈出后，两手不松，身体保持正直，两手由臀后侧朝上提起,双手相扣放于身体后面。(5)"马咬尾"伸展练习。目的:训练腰腹部肌肉的柔韧性。动作方法:训练者膝跪于地手撑地,向左扭转脊柱,尽力从肩部看到左侧臀部,左侧臀部可向前轻微移动。几次后,脊柱换方向扭转。(6)钻膝拉手。目的:提高身体柔韧性,拉长肩背部肌肉和韧带。动作方法:训练者站立,双腿膝部外开,腿部成"O"型,身体前屈,手臂从腿部内侧穿进,穿过膝关节后,再屈双肘,臂小腿前,双手放在脚踝前相扣。(7)跨绳比赛。目的:提升身体柔韧性。动作方法:两手握绳于身体前面,两腿从绳上跳过,再跳回来。

张建、史东林、周博和李光军在《三种拉伸方法对于提高艺术体操运动员韧素的实效对比研究》中的研究结果表示:(1)PNF拉伸方法能够有效地提高艺术体操运动员肩关节、髋关节柔韧素质水平。与动态拉伸方法和静态拉伸方法相比,PNF拉伸方法除了在柔韧素质水平的提高方面成果显著外,柔韧素质的训练成绩还能表现出持续性、渐进性提高的趋势。(2)静态拉伸方法对于柔韧素质的改善效果虽然优于动态拉伸方法,但是在提高柔韧幅度与速度方面均落后于PNF拉伸方法。(3)动态拉伸方法对于柔韧素质能够起到有限的提高,但是保持成绩的能力最差。他们的研究论证指出:①证实拉伸训练对改善艺术体操运动员的柔韧素质水平有重要意义。②结合前人对柔韧素质的研究成果,丰富动态拉伸、静态拉伸与PNF拉伸三种不同拉伸方法之间的对比研究。③丰富艺术体操运动员专项柔韧素质训练手段,证实拉伸训练对改善艺术体操运动员肩、髋关节柔韧素质水平的实效研究,为艺术体操运动员专项柔韧素质训练提供理论参考依据。

以上三者都对柔韧素质的技术教学及运动训练方法方式做了研究、分析与探讨,并都提出多种在体育教学与训练中行之有效的练习柔韧素质的方法方式。

综上所述,从目前的研究成果来看,当前研究体能中柔韧素质的文献大多集中在对柔韧素质的作用、重要性以及地位方面和锻炼方法方式等领域,大致分为体育运动中柔韧素质的重要作用及地位和竞技体育运动中柔韧素质的技术教学及运动训练方法方式的分析两个方向,但少有关于柔韧素质在学校体育教学中发展的对策和建议的文献。学校体育教学中柔韧素质的发展具体可实施性的对策和建议是非常有必要的,不仅可以对青少年学生的体质发展起到实质性的作用,并使得学校体育课更加便于开展以及开展得更好,而且可以促进学生体育能力的增长,更加便于去学习其他能力。本节试图通过对柔韧素质在当前学校教学中运用的练习方法的现状进行调查与分析,以期待找到更多的、具体的更好在体育教学中发展柔韧素质的可实施性建议。

第三节 灵敏素质和协调能力训练

一、灵敏素质训练

原则是人们依据客观事物运动的内在规律而制定的，在实践中必须遵循的法则或标准。运动训练原则是依据运动训练的客观规律确定的组织运动训练所必须遵循的基本准则。灵敏素质的训练也有其自身规律，只有遵循这些规律才能系统、有效地发展运动员的灵敏性。根据运动训练的原则结合灵敏素质的特征，笔者依据多年训练实践认为，灵敏性的训练应遵循三大基本原则。

（一）健康安全与竞技需要原则

1.健康安全原则

"以人为本"是现代社会的根本要求。社会的发展是为了人的发展，人类社会创造的一切都应是为了人类全面、自由的发展，体育运动当然也不例外。然而，现代社会的高度发展却使人的发展走向歧途，而体育的发展似乎也没能找到自己的真谛，甚至成为摧残人的事情。竞技体育中不断出现的丑闻，无不体现现代体育比赛中体育道德的沦丧和体育真谛的缺失。人类本身在利益至上的社会或比赛中不但没有受到重视，反而成为社会和比赛的附属品。这背离了社会发展的根本目的，势必导致人类发展的不良后果。

健康安全是一个人生存的基本权利，是人从事体育活动或其他活动的基础。田麦久教授指出，"健康是运动员的基本权利，是运动员保持系统训练的重要基础"。运动训练以取得运动成绩和提高竞技能力为主要目的，而现代运动训练理论中恰恰缺失了对运动员健康部分的内容。实践中，教练员提倡"三从一大"的训练模式，从思想上提倡、鼓励"轻伤不下火线"，导致运动员的小伤小病更加严重，甚至断送其运动寿命。主流媒体也在舆论上鼓励运动员带伤训练或比赛，甚至把这些行为作为一种精神大加宣扬，让人们觉得只有带伤训练、比赛才是顽强拼搏的表现。这一点国内与国外的差异十分明显。从执教理念上，国外强调运动员的主体地位，对于运动员的伤病，队医会给予充分的评估和建议，而教练员对队医的建议必须予以充分地考虑。有些项目比赛规则规定，运动员不得带伤参加比赛，如美国男子篮球职业联赛规定运动员身上流血时必须进行止血，否则不能参加比赛。而国内强调教练员的主导性，队医的作用仅仅是对运动员的伤病进行简单康复或辅助训练工作，对运动员能否上场的决定权很小。在训练实践中，国外运动员的自我保护能力较强，训练或比赛中如有伤病，运动员会根据医生的建议配合队医进行治疗，并及时和教练员沟通以便调整训练计划，确保伤病尽快治愈，更快地投入训练和比赛中。国内提倡运动员带伤训练，导致运动员轻伤变重或变成慢性伤病，最终影响其运动训练。

安全保障是确保运动员免受伤害的关键。在运动训练或比赛过程中，尽量保证运动员的安全，避免伤害事故的发生。灵敏素质练习对运动员的身体有较高的要求，所以，灵敏性练习一般安排在训练课的前半部分。灵敏性练习前，教练员需调动运动员的积极性、激发运动员的训练动机。在其体力充沛、注意力集中和精神饱满的状态下进行练习，以获得最佳训练效果。另外，应变换练习手段，根据不同阶段或练习重点安排不同的灵敏素质练习手段。例如，沙滩排球运动员在徒手练习时需注意变换动作和改变方向，再结合球进行训练，这样既可以提高其判断能力，也可以根据需要对预判、变向和变换动作的能力进行练习。准备期可以重点发展一般灵敏素质或对三类灵敏素质分别进行训练，逐步提高。比赛期间则以专项灵敏素质训练为主。

灵敏性训练也应从运动员的健康状况出发。因为灵敏素质训练是高强度的练习，危险系数较高，与一般的康复性训练有很大不同，运动员在身体状况不好或有伤病的情况下不应参与灵敏性训练。运动员进行灵敏素质练习或测试时，需确保其处在安全的训练环境中。首先，保证训练或测试地面与比赛地面要求一致，包括合适的服装和鞋子。若在硬地上测试要保证地面防滑，运动员应穿着相应的训练服装和防滑的鞋子。其次，有充分的练习空间，确保运动员安全地完成练习或测试。最后，进行灵敏性练习或测试时，运动员应保持注意力集中和良好的状态，防止发生疲劳。

2. 竞技需要原则

竞技需要原则是由项目特征所决定，教练员应时刻考虑灵敏性训练要满足项目需要，不同项目对灵敏素质的要求不同。简单地将灵敏素质分为一般灵敏性和专项灵敏性不是目的，对专项灵敏性进行深入分析，进而得出专项灵敏素质的练习方法才是关键，使其从能量消耗特征、项目的技术特征和力学特征等方面贴近项目。1988年，苏联训练学专家指出，机体对刺激的适应具有较强的专一性，长期缺乏针对性的训练，无法使机体适应专项的要求，结果必然导致运动成绩的下降。根据竞技需要选择灵敏素质练习方法的依据有供能特点、动作形式和移动的速度等，以便使训练效应更好地转移到专项竞技能力中。如果一个项目需要大量的侧向移动，那么练习中应体现这一需求。例如，沙滩排球训练应根据项目的预判特点、变向特点和动作特点分别进行，才能达到自动化的程度，这样才能确保灵敏性训练贴近比赛。

（二）适宜负荷与区别对待原则

1. 适宜负荷原则

训练效应的生理基础是人体对刺激的适应，而负荷就是这种刺激。也就是说，任何训练效应的获得必须通过对运动员施加负荷才能实现。必须明确的是，人体的适应能力并不是无限的，在训练过程中当人体的适应能力正向发展时，常伴随运动成绩的提高。而当人体难以适应持续的负荷时，常伴随运动成绩的下降。所以，对负荷的控制已成为运动训练学研究的焦点，灵敏素质的训练同样存在运动负荷的问题。

灵敏素质是以磷酸原系统供能为主的素质，练习时强度较大，易产生疲劳。所以，每次练习后应有足够的休息时间，以保证机体磷酸原的基本恢复。运动生理学研究表明，每千克肌肉中含 15～25 mg 分子 ATP-CP，该系统的供能时间一般不超过 8 s，而 ATP-CP 恢复一半的时间大约是 30 s，完全恢复所用的时间是 3～4 min。所以，在进行灵敏素质训练时，一般练习时间不应超过 10 s，以充分发展灵敏素质供能系统的能力。两个练习之间的休息应超过 30 s，一般为 30～50 s。组间间歇应稍长一些，一般为 3～4 min，以保证 ATP-CP 含量的恢复。为了使运动员较长时间保持良好的灵敏性，应适当提高运动员的糖酵解供能能力和有氧代谢能力。研究表明，运动员尽力保持速度进行灵敏素质的练习仅能维持 7 s。一般而言，敏捷性、加速度和快速脚步的练习时间应保持在 3～5 s，灵敏性的纯练习总时间一般不超过 4 min。

运动负荷主要强调运动量、运动强度及间歇时间。进行灵敏素质训练时，对强度的控制，教练员可以通过运动员完成练习所用时间（一般情况下如果练习的速度降低 10% 以上，应停止灵敏性练习，说明疲劳开始发生，并且功率下降）和监控运动员心率来间接评价。有经验的教练员还可以通过观察获得重要信息，如当运动员动作技能下降，特别是制动时动作不稳、制动能力下降时，应考虑延长间歇时间或停止灵敏性训练。

2. 区别对待原则

区别对待原则是指在运动训练过程中，根据运动员的特点和训练水平，因人而异地制订训练计划和安排训练负荷。进行灵敏素质训练时也应考虑区别对待的原则，因人、因时、因项和因地制宜地进行练习，才能获得良好的训练效果。

灵敏素质训练中区别对待原则的执行需做到如下几点。首先，根据运动员的特点进行灵敏性练习，不同训练水平的运动员，应采用不同的练习方法和负荷。如有些运动员灵敏性表现不好，可能是由于预判不足，抑或是移动变向能力或变换动作的能力不足，练习时应根据运动员的不同情况分别进行训练。其次，不同项目运动员灵敏素质的要求不同，这已在竞技需要原则中进行了阐述，在此不再赘述。最后，处在不同训练阶段的运动员应安排不同的灵敏素质训练内容。开始阶段应注重基本脚步或身体控制能力的练习，如冲刺跑、后退跑、侧滑步和起动、制动和变向等基本移动能力和控制能力，为后继的灵敏性训练打下基础。如果运动员能很好地控制平衡和身体重心，并能快速移动，将会增大其获得成功的概率。随后可进行一些与专项相关的灵敏素质的移动步法练习，若是需要器械的项目，还可结合器械进行移动变向和变换动作的练习。当达到一定程度后，可以结合专项运动场景进行必要的预判和快速反应练习，并使之达到自动化的程度。

（三）全面发展与敏感期优先原则

1. 全面发展原则

全面发展是指在灵敏素质训练过程中，应全面提高运动员的观察判断能力、变换动作和改变方向的能力及身体控制能力。观察判断能力、变换动作和改变方向能力是灵敏素质不可分割的三种属性。将灵敏素质进行分类，并单独对某一属性进行研究，是为了更深入地探讨该属性的特点，因为不同能力具有不同的表现形式。但决不能因此而忽视了灵敏素质的完整性，只有将这三种能力统一起来进行多维度的考察，才能更加准确、完整地把握灵敏素质的真意。在运动情景中任何一方面的能力存在不足，都会影响运动员灵敏性的整体表现。

观察判断能力的培养。结合运动实践提高运动员的观察能力，通过更加广阔的视觉追踪策略。获取更多的有效信息，巩固视觉搜寻的结构模式，加强对细微动作的辨别能力，形成运动记忆加以存储，以提高判断的准确性和速度。研究表明，视觉注意力可以不经过眼动而得到加强，并且控制视觉搜索的任务和结构似乎可以储存在记忆里，"双眼紧盯着球"的模式似乎不是处于最佳竞技状态的运动员喜欢的模式。大量研究表明，观察判断能力的训练可以有效地提高运动员的意识和决策能力。

变换动作能力的培养。全面发展运动员的技术动作（专项技术和非专项技术）。实践表明，学习掌握的技术动作越多、越熟练，建立的暂时性神经联系就越多，不仅表现出学习新动作技术快，更表现出技术运用灵活且富有创造性。

改变方向能力的培养。全面学习多种移动步法，起动、制动、变向身体姿势与重心的控制，起初可以学习一些简单的闭链式移动动作，然后增加一些简单的刺激，并逐渐增加难度，包括刺激的难度和动作、方向的难度，有效提高运动员的变向能力。

灵敏素质由上述三部分构成，但并不是上述内容的简单相加。如果发现一种练习方法运动员练习起来较困难，应重点练习而不是将其调整为已熟练的练习动作。

2. 敏感期优先原则

身体素质的发展过程不仅是一个持续稳定的变化过程，而且存在着增长速度特别快的过程或阶段，人们习惯将这一过程或阶段称为身体素质发展的敏感期。判定标准为年增长平均值加一个标准差作为临界值，增长速度大于或等于临界值的年份为该素质的敏感期。一般素质敏感期都有两个：迅速发展期和较快发展期。抓住敏感期进行针对性的训练能提高训练的有效性，达到事半功倍的效果。

研究指出，灵敏性发展的敏感期在7~12岁。苏联指出，7~10岁灵巧性高度发展，7~12岁反应速度提高幅度最大，6~12岁是培养节奏感的好时机，7~11岁是发展空间定向能力的最佳时机,动作速度4～17岁发展最快,女子9～12岁、男子9～14岁是发展平衡能力的最佳时期。这些都与灵敏性有关,这些能力的提高会对灵敏性的提高带来帮助。

运动训练过程中强调灵敏素质敏感期训练,但绝不是强调灵敏性的训练只有在灵敏性发展敏感期才进行。国内不少教练员认为,灵敏性应在青少年阶段进行训练,成年后就没有时间练习这些内容。相反,灵敏性在成年阶段应该受到重视。国外研究指出,对灵敏性的训练应该贯穿运动员训练的整个过程,因为神经适应过程可以通过长时间的不断重复得到发展。另外,与灵敏有关的很多素质,如速度、力量、功率、柔韧、平衡等均可以通过科学系统地训练得到提高。

灵敏素质的训练要符合运动训练的基本规律,但灵敏素质自身的特点决定了其训练规律具有特殊性。根据灵敏素质的特点和运动训练的规律将灵敏素质的训练原则归结为:健康安全与竞技需要原则、适宜负荷与区别对待的原则和全面发展与敏感期优先原则。

二、协调能力训练

在人体综合性的运动素质中,其中最重要的一项就是人体的协调能力,人体协调能力的强弱决定着一个人运动素质的高低。通过培养人体的协调素质来提高身体的协调性,可以提高人体体能、人体技能及人的心理能力,以便达到更好的训练目的和效果。目前,可以通过对人体运动各个方面的分析来提高人体的协调性,通过分析制订出提升运动人员身体协调性合理、科学的训练方案。

(一)分析人体运动协调能力的特征

运动协调能力是指运动员的机体各部分活动在时间和空间里相互配合,合理有效地完成动作的能力。《运动训练学》中指出"运动素质是人体体能的重要组成部分,是机体在活动时所表现出来的各种基本运动能力,包括力量、耐力、速度、柔韧和灵敏等。它们之间都有各自相对独立的作用,又有着密切联系,彼此制约、相互影响。其中每一个因素的水平,都会影响着体能整体的水平"这一观点。肌肉的活动要通过运动来实现,运动中的战术、技术及运动素质等都要通过肌肉活动来表现,所以力量素质是运动的基础。

在每日的基本训练中,运动者在剧烈的肌肉训练时,通过神经活动也可以调节和控制肌肉活动。从外观来看,力量训练是通过肌肉的活动来实现的。但从实际角度出发,在生理学方面来看,身体协调性是人的神经系统在起作用,神经系统接受感受器时由于外部环境或者自身体内的刺激通过身体内的神经系统传播到大脑皮质区域,从而调节肌肉的张弛与伸缩活动。运动协调能力本身是一种重要的智力,在运动中对神经系统的刺激，对大脑的发育是有着积极重要意义的，通过练习掌握运动技能，细化肌肉协调的能力，它反映的是一种精细的感觉，同时反映出的也是一种对外部刺激的分析和综合能力。

（二）分析人体运动协调能力的主要制约因素

1. 遗传因素

运动能力的各种组成性状是由遗传因素和环境因素共同决定的。一般来说，不明原因性协调能力差，绝大部分都是由遗传因素导致的，遗传因素决定了运动者运动能力起点的高低，遗传因素与人体协调能力有着紧密的联系。人的身体在运动过程中，身体能够完成非常复杂的运动技术动作，这与人的神经系统中的功能水平存在着较为密切的联系。所以说人体协调能力与神经系统中的功能水平关系极大，人体的神经系统功能是先天形成的，它很难被外界或者自身体内的因素所影响，所以神经系统的功能是不易改变的，先天的遗传原因制约着人体协调能力的发展水平。

2. 大脑皮质下中枢神经系统

所谓"闻道有先后"，运动技能有些人做起来相对简单，有些人相对难，就像很多人的身体运动协调能力都是先天发育决定的，但是仍然有不少的人经过后天不懈努力的运动训练，提升了自己的身体协调能力。在人体的运动机体内，要想完成较为复杂的运动技术动作，仅仅依靠大脑的皮质或者神经系统的调节是不完整也不准确的，这还要取决于皮质运动区域内的抑制与兴奋过程灵活的转换支配身体机能来完成。只有这样才能完成高难度而又复杂的运动技术动作。如果人体的传导机能和反射机能出现障碍，人体的协调能力就会受到制约。

3. 感官系统机能

感官是指能够感受外界事物刺激的器官，它包括眼、耳、鼻、舌、身等。人身体的各部分都存在有感受器，它们在受到外部环境或者自己身体内的刺激时会通过身体内的神经系统传播到大脑皮质区域。经过大脑皮质区域的综合分析，找到解决方案从而调节身体的机能。人在运动时，感受器也开始了它的工作，时刻准备着接受身体发出的信号，它们之间有很复杂而又微妙的关系，感受器作为神经系统调节的各个效应器官，为身体能够更好地运动提供了桥梁，使身体能够有效、正确地完成运动技术动作。感官系统具有很好的灵活性，它们能够为人体的肌肉和肝脏器官提供最为重要的支撑。

4. 运动技能的储存数量

一个人如果有丰富的运动技能储备，并且拥有高水平的运动技能，就能够轻松地建立起新的条件反射，也能够更快地接受并且掌握更高难度而又复杂的运动技术动作，与此同时其身体协调能力也能很好地得到提升。大脑皮质支配着人体的肌肉活动，也可以这样说，大脑皮质支配着人体的各项运动。人们对身体素质的理解就是人体肌肉活动的能力，一个人的速度、耐力、力量、灵敏与柔韧性都比较好就说明这个人身体素质好，也可以说运动素质好。随着运动素质的发展，人体机能的能力也在不断地增强和扩大。随着运动技术水平的提高，也说明我国的运动机能有很大的提升和创新，并且技术掌握的熟练程度也大步提升。人体的运动技能之所以能够改进、发展和提高，这都归功于大脑皮质活动的反应，这基于大脑神经在运动条件反射时做出的建立、巩固和分化。

人体运动技能的形成归功于条件反射的建立。运动技能的储存数量越多，越能顺利地建立新的条件反射，掌握新的运动技术动作，人体从而表现出较为良好的运动协调能力；反之，运动技能储蓄数量不足，人体就会表现出较差的运动协调能力。

5.其他运动素质的发展水平

人体协调能力还受其他运动素质发展水平的影响，其他运动素质包括柔韧性、灵敏性、力量、耐力、速度、身体平衡力和技术动作纯熟度等。例如柔韧性，它是指人体关节活动范围的大小以及跨过关节的韧带、肌腱、肌肉及其他组织的弹性和伸展性，身体柔韧性不好的运动人员。关节活动范围较小，跨过关节的相关组织的弹性和伸展性较差，它的柔韧性就制约着身体协调性的发挥。灵敏性，它是指在人体突然运动的条件下，准确、敏捷而又快速地完成技术动作的能力，它是一种运动技能综合性表现的运动素质，灵敏性较差的人，运动反应较慢，身体协调性较差，但是通过转身突然跑、倒退跳远、躲闪跑、快速启动和急停练习等灵敏素质的练习能够有效地提高人体的协调能力。平衡能力分为两种：一种是静态平衡，如座位、站立位等在一定范围时间内对身体姿势平衡的维持；另一种是动态平衡，如走、跑、跳等运动中的身体维持，平衡能力不足会导致运动发展迟缓，从而影响人体的运动协调能力。

（三）人体运动协调性训练法

不习惯运动技术动作的各种身体练习，反向完成动作，如右手换左手实践。改变已习惯技术动作的速度和节奏，如做多组小跑、慢走和变换跑的练习等。还可以通过玩游戏的方式完成复杂的运动技术动作，如穿插一些技术动作的慢动作练习。创造性改变完成动作方式练习，可以采用不习惯组合的动作，使用已经掌握的技术动作做一些更加复杂的组合训练。改变技术动作的空间范围，适时用信号或条件刺激使运动人员做改变动作各种方式的练习。循环训练法：根据训练的具体任务，建立多组练习站、练习点的训练，运动人员应当按照规定的顺序、路线，依次循环完成每站所规定的练习内容和要求的具体训练方法。

一个人的协调能力越基层，协调性训练法的使用频率越要高。但是，如果是一米八以上的人，技术动作仍不协调，协调性训练频率也要高。在准备时期，每周的训练频率为二至三次较为合理，动作项目至少十项，每项动作的练习次数至少三次以上才能达到锻炼身体协调能力的效果。在做训练前必须要深刻了解自己的身体情况是在哪些方面不协调的，要针对自己身体不协调的方面，适时了解和掌握训练方法并学习相关理论知识，进行科学合理的锻炼。杜绝盲目地训练，否则不但没有锻炼效果反而会伤害到自己的身体。因为每种训练方法所适合的协调感是不同的。在进行协调能力训练的同时也需要发展其他运动素质，从而更有效地改善身体的协调能力。

关于一个人运动协调能力的强弱，与人体的竞技能力有着密不可分的关系，协调并不是单一的力量、速度和柔韧性等运动素质的表现，而是这几种因素的综合表现。并且，一个人拥有高度发达的感觉器官和神经系统，能够协调复杂的机能活动和适应多变的运动环境。研究表明，制约人们身体协调能力的因素主要有以下几种：一是遗传的原因；二是大脑皮质下中枢神经系统的支配机能；三是人体感官系统机能的灵敏性；四是运动技能的储存数量；五是其他运动素质的发展水平等。

体育运动的目的是通过运动来进行人体运动素质的训练，身体协调是体育运动的灵魂，只有身体协调了，人体的肌肉才能依赖大脑神经系统的支配发挥其作用。运动协调能力的提升和发展能够大大提升身体的锻炼效果，能够纠正错误的运动技术动作，还能够提升各个技术动作之间的协调性，并且在提升心理素质方面也有非常可观的效果，还能够附带着表现力、注意力、观察力及自信心等个人能力的提高，从而在运动比赛过程中发挥更好的作用和效果。

参考文献

[1] 曲宗湖，杨文轩. 学校体育教学探究 [M]. 北京：人民体育出版社，2000.

[2] 李元伟. 科技与体育：关于新世纪体育科学技术发展问题 [J]. 中国体育科技，2002，38（6）：3-8，19.

[3] 徐本立. 运动训练学 [M]. 济南：山东教育出版社，1990：228.

[4] 王智慧，王国艳. 体育科技与体育伦理辨析 [J]. 体育文化导刊，2016（6）：146-148.

[5] 曹庆雷，李小兰. 前沿科技与体育 [J]. 山东体育科技，2004，26（1）：37-38.

[6] 董传升. "科技奥运"的困境与消解 [M]. 沈阳：东北大学出版社，2004：15.

[7] 张朋，阿英嘎. 科技与体育的对话:利弊述评 [J]. 福建体育科技，2015，34（4）：1-3.

[8] 谢丽. 从奥运会比赛成绩看运动器材的变化 [J]. 体育文史（北京），2000（4）：52-53.

[9] 杜利军. 奥林匹克运动与现代科学技术 [J]. 中国体育科技，2001（3）：6.

[10] 于涛. 从哲学角度再认识身体对揭示体育本质的意义 [J]. 上海体育学院学报，2008（3）：18-20.

[11] 张洪潭. 体育的概念、术语、定义之解说立论 [J]. 西安体育学院学报，2006（4）：1-6.

[12] 张庭华. 走出体育语言：从语言学界的共识看媒体体育语言现象 [J]. 体育文化导刊，2007（7）：50-53.

[13] 于涛. 从哲学角度再认识身体对揭示体育本质的意义 [J]. 上海体育学院学报，2008（1）：1-8.

[14] 爱德华·萨丕尔. 语言论 [M]. 北京：商务印书馆，1985.

[15] 于涛. 体育哲学研究 [M]. 北京：北京体育大学出版社，2009.

[16] 董文秀. 体育英语 [M]. 北京：人民体育出版社，2009.

[17] 伊恩·罗伯逊. 社会学（下）[M]. 北京：商务印书馆，1991：719.

[18] 汪寿松. 论城市文化与城市文化建设 [J]. 南方论丛，2006（3）：101.

[19] R.E. 帕克. 城市社会学 [M]. 北京：华夏出版社，1987：41，154.

[20] 乔尔·科特金. 全球城市史 [M]. 北京：社会科学文献出版社，2006：3.

[21] 卢元镇. 体育社会学 [M]. 北京：高等教育出版社，2001：211.

[22] 乔治·维加雷洛. 从古老的游戏到体育表演 [M]. 北京：中国人民大学出版社，2007：107.

[23] 王祥荣. 生态与环境：生态可持续发展与生态环境调控新论 [M]. 南京：东南大学出版社，2000：55.

[24] 郑杭生. 体育学概论新编 [M]. 北京：中国人民大学出版社，1987：345.

[25] 周爱光. 体育本质的逻辑学思考 [J]. 武汉体育学院学报，1999（2）：19-21.

[26] 熊斗寅."体育"概念的整体性与本土化思考：兼与韩丹等同志商榷 [J]. 体育与科学，2004（2）：8-12.

[27] 王春燕，潘绍伟. 体育为何而存在：20世纪80年代以来我国体育本质研究综述 [J]. 体育文化导刊，2006（7）：46-48.

[28] 宋震昊."体育"本体论（二）：体育概念批判 [J]. 南京体育学院学报：社会科学版，2006（3）：1-6.

[29] 胡科，虞重干. 真义体育的体育争议 [J]. 南京体育学院学报：社会科学版，2010（4）：59-62.

[30] 张军献. 寻找虚无上位概念：中国体育本质探索的症结 [J]. 体育学刊，2010（2）：1-7.

[31] 崔颖波."寻找虚无的上位概念"并不是我国体育概念研究的症结：与张军献博士商榷 [J]. 体育学刊，2010（9）：1-4.

[32] 何维民，苏义民."体育"概念的梳理及匡正 [J]. 武汉体育学院学报，2011（3）：5-10.